图说 20 世纪中国

变
（1900—1909）
局

师永刚 东亚 何谦 编著

生活·讀書·新知 三联书店

陌生的祖国（代序）

一部由影像讲述的中国百年史

"往回看，才能明白未来。"

任何历史都是由后人所记录与创造的，我们看到的那些历史以及英雄们的表演，他们在时间中的定位与背影，都带着后来者的价值观与需要，"需要"正在成为历史与时间在书写中的重要理由与事实。我们无法确认自己所看到的就是那些在时间中曾经存在的，也无法确认我们正在阅读的就是真实的。我们真的可以相信，那些只由几个人编撰的历史就是一部真实的历史？史家们对于历史的看法就是历史本身才应当有的声音与形象吗？

曾为中美关系铺平道路的"中国通"亨利·基辛格认为，中国过去遭受的不公正对待决定了"中国如何参与世界事务、如何界定在其中所要扮演的角色"。对许多中国未来一代来说，"中国有时候不仅仅是一个值得发现的真相"。

近年间中国注意到西方汉学家们对中国的发现，以及他们对于陌生的中国历史远远地围观，这些汉学家的世界观正在影响着新一代青年对于自己祖国的认知。这些来自不同地点的年轻人自小学开始就在阅读历史。虽然他们同在一个国家，却在一个个久远的历史细节中发现不同的视角。

年轻人阅读西方人发现的中国历史，而另外一代人，他们的父辈们，对中国有着丰富的了解，并占据着大量重要资源的一代人，则守候在《百家讲坛》或冗长的古装"宫斗"剧前，以了解2000年来的中国宫廷斗争以及诸代望臣的命运。这种历史认知断层犹如对于"复杂中国"的重新定义，一代人有一代人对于历史的看法。他们对于历史的断代与判别像黄土高原深处那些被埋藏万年而形成的煤层或者石油，你不知道它们哪一天会被发现，那里在一千万年前是大海，在五百万年前则成了高原。

那么，历史是什么？

那么，历史是什么？它们开始成为困扰我的一个巨大难题。它们的背影显得那样模糊不清，每个人在时间中的记忆都带着自己对于时间的看法，而那些时间对于我们则遥远得如同命运。我们只看到了一个个结果，或者一个个由结果组成的"铁口直断"式的表达。这些就是我们要面对的历史？

从军15年后，2000年，我离开西北，加入了香港某电视机构，某个特殊的机缘，我看到了宋美龄女士的图像展。尽管已逾百岁的她当时仍在人世，但那些旧年代的细节，以及她与蒋的生活图像，仍然让我感到新鲜。我那时候已对文字所描述的世界开始了怀疑，真实的黑白图像使我坚信，它在某些时间，远比我所接触到的教育更为可靠。无论你相信与否，她在美国国会掷地有声的演讲，以及演讲时坚定的眼神，都会让你印象深刻。宋的眼神改变了我的历史态度，至少改变了我对于一部分用文字记载的历史的态度。我要找到属于自己研究历史或者至少接近真实的旧时间的方式。

我开始有意识地寻找这百年间的图像以加深我对于这百年来的重要历史人物与历史事件的了解。而我了解的越多，越发现历史是如此的陌生与神秘，在一件基本的常识性的问题上，至少对于我来说，几乎有两种或者更多种不同的说法，历史的写作方式或者拍摄方式竟然因为国家的不同，或者写作者身份的不同，会有如此大的差异。

记录历史的方式

人类一直在探求自己对于历史与世界的表达与记录方式，为此他们发明了语言与文字。1838年，世界上出现了两种特殊的文字：影像与声音的记录。1839年，法国人路易斯·达盖尔（Louis Daguerre）发明了摄影，这个世界从此可以在银盐纸上展现，塞缪尔·摩斯（Samuel Morse）随后则开始首次公开拍发电报。当遥远的欧洲可以用电报与铁路拉近时间距离的时候，遥远的"天朝上国"则正处在一个用山水画来描述的时代。19世纪晚期，外国的传教士随着洋枪队与冒险家们，来到中国传播基督教福音时，他们用手中的摄影机为那个时期的中国留下了另一个

"汗国"的影像档案。西方人从电报与影像中，突然发现了一个陌生的国家：它有着广袤的领土和漫长的边疆，它的首都有着宏伟的宫殿和厚重的城墙；男人们头上梳着奇怪的小辫子，穿着丝织的长袍；女人裹着小脚，走路却健步如飞；清国的官员瘦小却狡猾，头顶着长翎红顶的帽子；民众勤劳却穷苦，不爱讲究卫生——这是个贫穷但却不愿意与海外那些寻求财富与瓷器、金银的商人通商的封闭国家。

苏格兰摄影家约翰·汤姆森（John Thomson）是最早来远东旅行，并用他古旧而时尚的摄影术记录远东各地人文风俗和自然景观的人，这个冒险家曾在1867年移居香港，开始他摄影生涯中至关重要的几年。他的纪实主义风格为我们留下了北京的轿夫、孩童，甚至斩首的场景。

这段冒险让他在1881年成为维多利亚女王御用摄影师。而这些无关政治的图片，无意间在百年后成为我们回忆帝国的重要影像。紧随其后的摄影师们用他们的镜头表达了对于中国的政治以及现实的记录。比如，照片中的清朝官员都是端坐着的，即使合影，也是一群人木讷地看着1900年以前的镜头。在今天的摄影师们的镜头里，我们还可以发现这些摄影规则：群像、端坐，目视着2000年的日本照相机镜头。事实上，镜头中的中国似乎从来没有改变过，但确实有些东西发生了改变。这些一百年间的景物，或者他们随手拍下来的孤独的风景，伴随着相机快门的定格，约翰·汤姆森们眼中的中国都市与破败乡村的状貌，包括政治、经济、文化到习俗的诸多信息，便不动声色地留在了历史的底片上。

在最近波澜壮阔的百年间，东西方文明正以另一种语言来重新塑造世界。"19世纪和20世纪早期的中国，也许长期以来都与西方通常叙述中的中国格格不入。"《纽约时报》的一篇文章称，"在中国的'屈辱世纪'里，最后一个封建王朝的缓慢崩塌显得十分不可思议，简直像是一个漫画家编造出来的：一位志向远大的文职人员没有通过科举考试，变得神志不清，以为自己是耶稣基督的弟弟，任务是把中国从清朝的统治下解救出来，他在1850年发起了太平天国运动，两千万人死于之后的社会动荡。英、法、德、奥、俄、美、意、日组成的八国联军轻松打败了义和团成员以及加入他们的清朝士兵，西方人来中国宣传基督教的和平和同情精神，他们也在鸦片贸易中轻松获利，并为继续获利而发起了一场战争。"这场战争在侮辱了中国的同时，也促使了亚洲第一个共和国的出现。

百年以来，中国在迈向现代国家的路上披荆斩棘，多所反复。我们是在向前进，但我们的方向在哪里？

这是一部怎样的历史？

这套书写的是 1900 年到 2000 年间的剧烈变动的中国。研究一百年间的中国，不是怀旧，也不是算旧账，而是想从中找到我们从哪里来、到哪里去、为什么来这儿的原因。这部普及式的常识读物将只给大家提供一个可以选择的向导。它不是司马迁的《史记》，也不是史景迁的西洋镜下的演绎。它在这个被互联网制造出来的扁平时代，所发挥的作用也许只是给大家科普一个维基百科式的百年常识或者一个国家的基本面目。

"对祖国历史的领悟和学习，不能孤立与封闭自己，更不能视角单一。不仅要同世界历史相关联，更需要借用他国的眼光，来反观自己的历史。这样在辨别那些大是大非或大真大伪的历史问题时，才能更为客观，结论也更能经得起时间的推敲。"历史事件是无法重复的，只有汇集各种视角的资料，只有拥有各种类型的历史证据，我们才有可能逼近历史的真实。其实历史的张力，就存在于这种视角的差异中，我们对这种差异了解得越充分，对自身的把握也就越清晰。

为保持这套书的基本真实以及可能的时间长度，也为了防止我自己对于历史的偏见而影响这套书的"常识""向导"价值，我们选择了一个简单的体例，即它由图片与外国人以及中国人的发现共同组成：那些曾经被拍摄下来的 1900 年破败的不收门票的故宫、孙中山先生的背影，或者毛泽东在天安门城楼的目光。我们试图寻找另类表述，只是想区别于那些因"被需要"而写成的历史书。

这些历史，可能只是那些大历史中的小细节，但这些陌生的小细节构成了百年中国戏剧化的历史。但百年后回看，它们如同遥远的蚁群，在缓慢地行走，而我们正在试图加入这个蚁群中。我们在历史中是如此弱小，如此模糊不清，而正是这些模糊的背影在构成历史。

中国人的悲喜命运，都在这部书中的影像以及文字中。它们在哪里，我们的历史就在哪里。而这就是我们要撰写的关于中国的百年变革史的意义。尤其在当下的"复杂中国"，此书犹如一本中国版的《光荣与梦想》，正在述说着我们尚未发现的中国的秘密。

1900 — 1909

变 局

陌生的祖国（代序）：一部由影像讲述的中国百年史

公元 1900 年之前：想象中的天朝　　005

西方信仰目光里的中国　　006
"在中国，我遇到了许多我认为是正确，而实际恰好相反的事情"　　010
有一种传说，叫中华帝国　　014

1900：交困　　019

帝国末日：太后最后的木偶戏　　021
洋务自强赶不上帝国主义时间表　　023
牺牲品：身挂符咒的义和团士兵　　027
一份假情报引发清廷向世界宣战　　032
八国联军从下水道冲进了北京城　　048
被征服的天朝到处悬挂着投降旗　　058
李鸿章受命北上收拾残局　　064
维新党人海外遥控武力保皇　　067

1901—1902：凋零　　087

慈禧太后听从风水师的建议启程回銮　　090
18 岁的醇亲王载沣乘船赴德国道歉　　093
中国政界"孔夫子"李鸿章离世　　095
刘坤一病逝，还剩一个张之洞　　108
"泄密者"：清政府已是个空壳家族　　109

1903 — 1904：涌动　　141

列强的生意　　143
英国人赫德提出重组中国计划　　144
日俄交战的真相　　145
入侵西藏的英军将佛堂改作食堂　　160
中国革命大本营驻扎在东京　　161
青年汪精卫的论战、刺杀和爱情　　163

1905 — 1907：激变　　199

"戊戌变法"升级版施行第五年　　201
沿用1300多年的科举制寿终正寝　　203
北洋军会操组委会发明"方便米"　　204
黄色新闻小报0.5美分一份　　207
大清国女性的解放从脚开始　　208
五大臣立宪考察火车站遇袭　　210
丁未政潮中的"PS"大案　　212

1908 — 1909：崩溃　　265

孤独的改革派皇帝驾崩　　267
慈禧的陪葬品中有一辆轿车　　269
帝国最后的政治班底　　284
年轻摄政王为钱一筹莫展　　287
孙中山改造"黑社会"闹革命　　288
皇族内阁，年轻贵族要收权　　290

"穿行在中国迷宫"

1901年刊发于美国《纽约时报》的一幅漫画,预示着美国及其盟友在占领清国后,感受到一种"东方令人不安的可能性"。漫画中的山姆大叔拿着一盏标有"谨慎"的马灯,身后紧跟着英国、法国、德国、日本和奥地利,通过一个名为"Casus Belli"(开战理由)的陷阱。事实证明危险是多重的:干预的深入将加剧帝国主义者之间已经存在的对抗,实际上四年后即发生了沙俄与日本之间的战争;而中国受到的羞辱正以危险的方式唤醒国家。后一种危险在1901年变得特别真实。

公元1900年之前：想象中的天朝

这条河流如此之长，穿过了如此多的地区和城市，江中来来往往的船只如此之多，运送的财富和货物如此之多，实际上比基督教世界所有河流和海洋加在一起还要多！

最早走进中国这片土地的西方人中，马可·波罗无疑是影响最大的一位。而当他留下对神奇长江赞歌的同时，西方世界也开启了对东方的想象与探索之旅。几个世纪以来，旅行家、传教士、考古学家、商人、政治家、记者、侵略者们各自怀揣不同的诉求、理由、想象还有目光走进中国，各自书写，也各自记录。在马可·波罗、利玛窦、汤若望们的记载中，中国是恢宏、壮观、富裕的东方古国。马可·波罗眼中的京师城（杭州）简直是天城，它的庄严和秀丽，是世界其他城市都不可比拟的，城内处处景色秀丽，让人疑为人间天堂。在元大都可以找到世界上所有的奇珍异宝。中国人用一种"黑色的石头"作燃料，让人百思不得其解（因为欧洲那时的用煤还很局限）。中国人有美不胜收的瓷器、丝绸、茶叶，也喜欢换取一船船西方人的香料、珠宝。外来人士只要穿上中国士大夫的服装，就能得到官府、民众的信任。在利玛窦绘制的世界地图上，中国被标在最中央的位置，这样显而易见能够迎合中国人的好感与认同。顺治皇帝会对汤若望进呈的浑天星球、望远镜等西洋玩意感兴趣。汤若望也获赐二品顶戴，成了近世以来最早在中国宫廷任职的西方人。

"中国"被传递到西方，被描画，被口述，毫无疑问都是溢美的辞藻。哥伦布带着西班牙女王给中国皇帝的信函出海，在探寻中国的航程中偶然发现了新大陆。1784年8月28日，出于对传说中东方古国的向往及通商的需求，商船"中国皇后"号在美国建立之初便来到东方，靠岸广州。从此，美国媒体上开始复制《马可·波罗游记》式的中国描述：古老、珍奇、神秘、富庶。

在西方人自己的总结中，通过16、17、18世纪的西方航海家、旅行家，尤其是传教士的活动，大量关于中国的故事、见闻和理解传到了欧洲。这其中，耶稣会传教士更是在东西方之间架起一座文化交流的桥梁，17世纪后期，他们是西方了解中国的最高权威。

西方信仰目光里的中国

于是，传教士们来了。

他们携着基督教义兴冲冲地来到古国，如明清之际来华的意大利传教士卫匡国（Martino Martini）所言，在他们刚刚发现"东域"（Cathay）和"中国"（China）是一回事时，受到了东西方信仰巨大差异的冲击。他的著作《中国新图志》里，留下了关于"天朝上国"（Celestial Empire）的第一次重要描述。

"天朝"在传教士们的视野里，有了概念，并且渐次清晰。

耶稣会传教士从自己的天朝经验中发现，在中国作谦卑和苦行的表白是毫无意义的。因为在中国人的眼光中，卑贱和寒酸并不意味着品行高洁。传教士们必须使自己适应中国人的生活习惯，才能在中国生活下去，甚至必须像中国人一样梳洗打扮自己，不能像其他远东地区的宗教信徒们一样死守着他们在欧洲的森严教条。

这些渴望在天朝传递信仰的西方人，是想给中国人带来一场思想上的革命。然而，在顺从中国习俗的同时，他们恰恰不得不首先学习领会中国的哲学。

利玛窦的目光代表了他们早期较为单纯而直接的观察：中国哲学家中最为有名的是一位叫作孔子的人。这位博学的伟人诞生于基督纪元前551年，享年70余岁，他既以著作和授徒，也以自己的实践激励他的同胞追求道德。他的自制力和有节制的生活方式使他的同胞断言，他远比世界各国过去所有被认为是德高望重的人更为神圣。

在中国人对祖先崇拜风俗的巨大压力下，一些传教士试图把儒教与基督教调和起来。一部分西方人主张允许中国的基督徒跪拜祖先，但不同派别的传教士却坚决反对。也正是因此，17世纪和18世纪前期，基督徒们对天朝的"礼仪（Chinese Rites）之争"掀起滔天巨浪。

由传教士开启的"天朝"的诠释与想象之旅，在19世纪进入另一个高潮。这期间，不只是传教士，记者、政治家、商人，更多的西方人蜂拥而至。他们好奇而来，奔走、发现、记录、传达。变的是往来的故事和记述方式，而不变的是论断，"这始终是一个伟大又高贵的民族；他们古老的伦理思想传承至今；中国人在文化和考试教育方面值得我们学习；他们的文明比我们的文明更具人性；他们在许多方面都领先于我们……"。

西方依旧对天朝想象不断。

1-1

清末北京的城墙

巍峨的城墙与宽阔的护城河,城门外的驼队与旅客在休整,准备进城。

1-2

北京南城的中轴线

它从正阳门开始，直到南端的永定门为止，是清国皇帝从紫禁城去天坛祭祀的重要通道。摄影师在他的记录中，称赞了这条道路的风水，也记录了让他感觉非常不愉快的遍布坑洼的泥泞大道。桥上零散地停放着几辆等客的马车，马路中央甚至有人躺卧和蹲坐。远处牌楼的后面，是杂乱的小屋与泥尘遍布的路面。

"在中国，我遇到了许多我认为是正确，而实际恰好相反的事情"

经过 17、18 世纪传教士的铺垫，西方人对天朝的想象变得更加具体。

在伦敦 19 世纪的《威斯敏斯特评论报》里，关于中国的描述已经不再是几个简单的溢美词汇了：

这是个有着悠久历史、辽阔疆土、众多人口的国家。从东到西和由北向南各长 1.4 万英里的国土上生活着由一个君主统治的三亿多人民。而且据推测，这些居民始终保持着自己独特的风俗习惯，其延续时间之长，远远超过了任何一个有文字记载的民族。

尽管中国人不能被称为长相漂亮的人种，但他们的表情还算是显得聪明和令人喜欢的。中国女人的面相和外形与男人特别相似，但面部却毫无表情。中国女人通常被人说得一无是处。她们宽大的脑门、塌塌的鼻子、细长的眼睛被看成是丑陋的特征。中国女人的体形比欧洲女人小，但是很匀称。

人类的历史进程和中国的发展状况并没有呈现出趋同的现象，4000 多年来，中国始终保持着国家的统一和独立，它的管理理论和基本行政机构从未发生过特别重大的变化。

除此，摄影技术发明前的百余年间，西方人还会通过绘制版画，向自己国家的读者介绍当时依旧很神秘的天朝。版画同时凝聚现场与想象，记载了对于西方人来说颇为细碎而又陌生的中国。在 1873 年的《伦敦新闻画报》上，帝京的提笼架鸟就成为令西方人感到新奇的街头一景。

作为珍贵的史料，这些版画原始地记录了西方人对于土生土长的北京老百姓生存状态的观察与理解，而有关城墙、城门的图景，也成为研究老北京历史和城市格局变化的佐证。然而，并非被记录的即完全真实的。

神秘有时来自西方式想象的自我虚构。即便当时的西洋画师随使团参与正式谒见，也没有可能现场写生，很多画作均为事后默写。在资料极度缺乏的情况下，某些画作的信息来源也会包括一些道听途说的传闻。至于大场面，则多为画师头脑中各种东方元素的无序糅合，在关于中国都城的描绘中，有时甚至出现作为背景的热带植物、古罗马街市和古埃及神庙的影子。

文学艺术也成为这一场想象之旅中的重要一站。

那时候西方人的中国观，几乎都是从文献资料的积累中得来的，而西方人自己富有想象力的文学艺术作品更是直接塑造了很多人对于"天朝"的第一次想象。荷兰诗人冯戴尔（Joostuan den Vondel）用卫匡国的《鞑靼战纪》中的史料写出一个名为《崇祯》（Zung Chin）的剧本。法国作家朱迪斯·戈提尔出版了一部叫作《龙的帝国》的法文小说。在西方人自己的观察里，这是第一部以中国为背景，有"似乎真实"的中国情节和中国人物的法文小说。

在波士顿的报纸上，一个欧洲人写的在中国的经历，证明了所有"似乎真实"的情节，是由于西方人的想象方式与讲述角度，使得中国故事显得神奇：

当我向艄公询问我们停泊的渡口在什么方向时，我得到的答案是西北，他说风是东南风。"我们欧洲人就不这么说。"我想他看出了我的惊讶神情，就向我解释了罗盘针的用法。他说："这根针指向南方。"在中国，我遇到了许多我认为是正确，而实际恰好相反的事情，我同意一个朋友的看法：中国人除了地理上跟我们相对外，其他许多事情也跟我们倒着来。……这片非常陌生的土地上的一切真让我头晕目眩。

中国人会识别和西方人迥异的方向，让他们头晕目眩。更重要的是，那时候西方人还不知道，他们想象中的天朝，本来也正向着令人头晕目眩的方向走去。

1-3

旧金山一对华人母女

照片中一名华人妇女正牵着她的孩子走过都板街（Grant Avenue）。这里是北美洲最古老的唐人街。他们的身后，一辆老式电车正缓缓驶过。

1-4

北京两位旗人妇女

这两位女性头戴传统旗人扇形冠、脚着清国式高底旗鞋，悠闲地走过鼓楼前。这种牌楼式的发饰据称为慈禧太后所发明，以绸缎做成一顶"扇形"冠，戴时套在"两把头"发髻之上，京都俗称"大拉翅"，是满族贵妇的发式。清末，此发式与高底旗鞋在满族妇女中颇为流行。

有一种传说，叫中华帝国

> 从这个时候回望，4000多年来，中华帝国几乎一直由自己的君主统治着。居民的服装、道德、风俗习惯和信仰一直保持着统一性，它的古代立法者们制定的富有智慧的制度从来都没有丝太多改变。而从此以后，传说中的中华帝国要彻底改变了。

尽管传教士们记述的中国，在对其性格、哲学和文明成果的评价上有时并不准确，略持成见，语带偏颇，但依然是西方人的中国观最重要和最丰富的来源之一。

这个帝国在地理上与世隔绝是它能长期存在的重要原因之一，因为它的北面是广阔的沙漠，西部是崇山峻岭，南面和东面是波涛汹涌的海洋。它的书面语言的独特性，是维系一个国家的重要纽带，并支持了这个国家的长久统一。因为这种文字是表意文字，比表音文字更优越，不受发音的变化和方言的影响。一个山东人也许不懂一个广东人说的话，但他们却能用相同的文字表达相同的意思。

已经深入"天朝"骨子里的平静和安和的观念与中国作为一个伟大民族的进化思想紧紧地联系在一起，缓慢地决定着与世隔绝的中国的命运。自17世纪和18世纪耶稣会的传教士们描绘了中国宁静、安稳，充满令人愉悦的画面以来，西方人总把中国看成是世界上最和平安宁的国家。

对于西方人来说，第一次中英战争（即"鸦片战争"）是中国开始真正转变的出发点，也是西方人重新审视这个东方大国的起点。由于这场战争，西方与中国开始接近。这一时期，在美国和英国的重要期刊上以《中国和中国人》为题的报道竟然有25篇之多。更多的西方人，尤其是记者开始面访这个传说中的中华帝国。

在写了名为《中国》的报道集的英国记者乔治·温格罗夫·库克（George Wingrove Cooke）看来，随着时间慢慢推移，这片东亚的土地，将向英国数以千计的工业商品打开门户,并为它自己的国民开辟数以百万计的劳动力市场。

1840年以前,大多数西方人可能还在接收定型的饱含想象力的观点,传教士们夸大了中国的稳固和平静,他们所描述的那种永恒的平稳在中国从来就没有存在过,但是全世界却一直把对中国永恒和平的想象当成不容置疑的真理。显然,英中之间这一年爆发的冲突使得那些习以为常的认识渐渐瓦解。更多的西方记者宣称:中国不再是一个不为人知、裹着秘密和神秘外衣的地域。

传说被打破的同时,中华帝国的变革正式拉开序幕。

1-5

李鸿章见识"马克沁"机枪的威力

1884年夏,李鸿章在伦敦近郊的比顿夫人庄园与"马克沁"机枪合影。照片中左一为后来生产改进型"马克沁"机枪的维克斯公司总裁维克斯先生,中间二人为翻译。李鸿章被这种机枪半分钟内打出300发子弹的疯狂速度惊呆,他当即购买了两挺机枪回国研究。李还给这种机枪取名为"赛电枪"。

1-6

晚清一位娴熟的弓箭手

清末,奉天(今沈阳)一位满族士兵在军事技能比武中,弯弓搭箭。清军虽已开始拥有洋枪洋炮与铁甲舰,但在边远之地驻军,仍装备着旧式刀弓等旧兵器。

1-7

福州弓箭手的合影

端坐中间的官员边上有位手持巨型偃月刀的兵士。但据考证,偃月刀因重量关系,不适用于实战,而主要用于训练或仪仗。

19世纪末,光绪皇帝多数时间被囚在三面环水的湖心孤岛上。慈禧太后又重新牢牢地掌握了朝政。早朝的时候,她让光绪帝像木偶一样安静地端坐,自己则坐在一旁发出最高指令。

康有为、梁启超在民间酝酿多时,费尽心力说服光绪帝推行自上而下的改良运动。但康梁希望光绪采用君主立宪制度,这直接挑战了皇族统治,影响了当朝权贵的既得利益。更致命的是,康、梁机械搬用日本明治维新的做法,希望年轻的光绪帝变成大权在握的"天皇"。

帝国末日:太后最后的木偶戏
洋务自强赶不上帝国主义时间表
牺牲品:身挂符咒的义和团士兵
一份假情报引发清廷向世界宣战

一九〇〇
交困

1900年，大龙旗上的光绪皇帝像

1862年，大清国终于不得不接受西方的规则，来确定一面代表国家形象的国旗。总理衙门曾向慈禧提交了很多备选方案：八卦旗、麒麟旗、虎豹旗，也有一面与李泰国设计相仿的黄龙旗。慈禧认准了"龙"是君主的化身，金黄色又是皇家独享的颜色，既然"朕即国家"，那么用黄龙来代表大清最合适不过了。最终清廷决定，所有水师船舰均悬挂三角形黄色龙旗，以黄龙旗作为中国官船旗号。1881年，洋务大臣李鸿章奏请把三角旗改为纵高三尺、横宽四尺的长方形旗帜。1888年10月3日，慈禧太后批准《北洋海军章程》，规定大清国国旗为长方形黄龙旗。皇帝的肖像跃上旗帜是一个巨大的变化，在无数西方人看来，那是中国终于迈向文明国家的标志之一，而对中国百姓而言，则是首次把藏于深宫之中高不可攀的皇帝的形象与旗帜上那个英气勃勃的男子联系起来。

帝国末日：太后最后的木偶戏

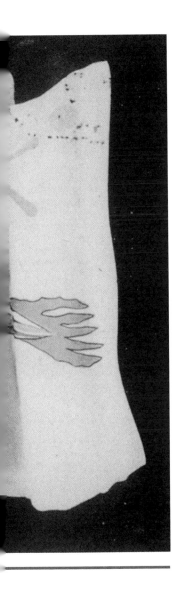

19 世纪末，光绪皇帝多数时间被囚在三面环水的湖心孤岛上。慈禧太后又重新牢牢地掌握了朝政。早朝的时候，她让光绪帝像木偶一样安静地端坐，自己则坐在一旁发出最高指令。

康有为、梁启超在民间酝酿多时，费尽心力说服光绪帝推行自上而下的改良运动。但康、梁希望光绪采用君主立宪制度，这直接挑战了皇族统治，影响了当朝权贵的既得利益。更致命的是，康、梁机械搬用日本明治维新的做法，希望年轻的光绪帝变成大权在握的"天皇"。

慈禧对此自然警惕，暗中布局，任命自己的亲信荣禄掌管京城驻防，当光绪帝稍有拉拢实权人物袁世凯的动向时，立即收网，将维新党人铲除殆尽。康、梁亡命日本，戊戌六君子慷慨赴义。

在此之前，由中央权臣撑腰、地方大员加盟的洋务运动更注重于器物更新，仿效西方建设现代军队和大机器工厂，虽也步履维艰，但总算蹒跚前行。

洋务运动的领袖人物奕䜣，在仅剩最后一口气的时候，在床前嘱托光绪帝不可过分倚重康、梁等维新人士，要尽快消解与慈禧形成的对峙状态。洋务运动倡导者们在慈禧与光绪争权的风波中平稳过渡，保存了实力，比如李鸿章，对时局洞若观火。

洋务运动的地方领袖、权臣曾国藩在 1867 年一个夏夜与幕僚赵烈文聊天，他忧虑于清王朝颓势几近定局，恐怕时日不多了。赵烈文安慰他说，皇帝一直很有权威，而且中央政府没有烂掉，还能维持。不过，今后的大祸就是中央政府先垮，然后地方割据分裂。赵烈文判断，大概不出 50 年就会发生这种灾祸。彼时距离 1911 年清王朝覆灭还有 44 年光景。从偏居于东北一隅的少数民族入主中原而始，清朝已历 200 多年。

2-1

"垂帘听政"

这是1902年1月28日慈禧和光绪皇帝在紫禁城接见各国使节的场景。可以看到慈禧坐在象征皇权的宝座上,而光绪皇帝只是屈居下位。许多书籍和电视剧中都描述过光绪皇帝在慈禧太后听政下的窘况。此图为西方使节亲眼所见,皇帝的窝囊相比史书记载的有过之而无不及。尽管外国使节上前向皇帝行使了谒见礼仪,但是谁手握实权不是一目了然吗?那时的皇帝在西方人眼中还是比较开明的,是革新派的代表,也正是由于外国使节的压力,慈禧才有所顾忌,没有早下手将光绪除掉。面对着这样一群立马横刀的强盗,一个唯唯诺诺的皇帝、一个颐指气使的专横老太婆,加上一堆目光短浅的王公大臣,已经立国259年的皇朝很快将走向尽头。

洋务自强赶不上帝国主义时间表

1900年1月27日的美国《纽约时报》，集中报道了一次排场大气的酒会，大清国驻美公使伍廷芳被放在报道的醒目位置。一起参加的还有前美国驻华公使丹比、日本驻美公使小村寿太郎，而酒会被报道的内容主要就是这三个人的发言。但耐人寻味的是，伍廷芳的酒会发言被排在了最次要的位置。

酒会上的伍廷芳，身穿传统东方绸缎衣服，上面绣满金线和汉字，颇显高贵，他演讲时是这样说的："尊敬的会议主席和各位先生，感谢你们提及我的国家，和你们热忱的态度。但请允许我表达一下我的困惑，为什么我的发言被放在最后，成为第三位发言者呢？……我在读菜单时找到了答案。就像上菜，第一道是牡蛎，第二道是汤，第三道是配菜。于是我今天的演讲也就是各位的配菜……"

伍廷芳引用了英语中的谚语：大山从不向穆罕默德移来，穆罕默德只好向大山走去。他意在告诫在场的西方政治家与商人们，大清国就如一座山，不会自动向穆罕默德移过来，而他们应该向大山走去。如果不去，其他人也会去的。伍廷芳倡导中美友谊时，用手指着清国国旗，饱含深情地称此时的自己就像身在东方一样。

此时的清王朝，像伍廷芳这样颇有世界视野与外交经验的臣民正在多起来，尤其是通商口岸这类地方出现了不少外事专家。他们与之前的官吏们相比，更有机会目睹世界大局势。

解密大清国显然成了国际舆论的焦点。《纽约时报》观察到，大清国的种种危机都在华而不实的社会与政府体制里酝酿。前来观察的西方记者们发现，大清国统治阶级的无能正催生着一场激烈的变革。

19世纪60年代，在清朝的疆域之外，在工业革命轰隆隆的时代车轮上，西方国家到处都是钢铁齿轮装备的工厂，它们凝结为不可抗拒的商品经济的巨浪席卷世界。美国内战的结束、日本的明治维新、法兰西第三共和国的兴起以及意大利和德国的统一，使得新帝国对外活动的能力得到解放，它们将和曾一度号称"日不落帝国"的英国一样，积极为自己国土上的工厂寻找市场和原料产地，它们都盯上了中国。

清王朝洋务派的自强运动没赶上帝国主义的时间表，虽有中英战争后的被迫开放，在曾国藩、左宗棠、李鸿章等重臣主导下有过短暂的中兴，但在甲午之战的炮声中，仍可见出清王朝的不堪一击。

2-2

1900年，上海的一家现代化的丝绸工厂

商人海沃德建造并从英国引进了先进的纺织技术，他的工厂雇用了数百名熟练工人，大多是孩童。这个站立的男子是丝绸工厂的管理者。这些丝绸主要出口到伦敦。

2-3

中国外销茶

这是 1900 年左右一个外销茶叶的外包装箱,上面写有"锦春"两个汉字。清国对于美利坚合众国的茶叶贸易在这一时期达到顶峰,在《纽约时报》上甚至有声音开始探讨贸易逆差的问题。

2-4

象牙扇骨水粉画的折扇

扇面上画着的是著名的广州十三行,商行门外的旗帜由左至右依次为丹麦、西班牙、法国、美国、瑞典、英国及荷兰。这把扇子将作为工艺品被销往美国。

2-5
李鸿章与港督卜力

1900年7月,直隶总督李鸿章奉令出席广九铁路的洽商仪式,图为其与港督卜力及随从的合影。清末,英国殖民者规划了一条从九龙登上火车,经过大埔、沙田,越过罗湖桥,从深圳进入广州内地的广九铁路的蓝图。1898年,李鸿章在威逼下屈辱签订《展拓香港界旨专条》,其中赫然出现"将来中国建造铁路至九龙英国管辖之界,临时商办"之字眼。专条签署不足十日,英国即拿出广九铁路的合同,强逼铁路大臣盛宣怀签订了草约。

牺牲品：身挂符咒的义和团士兵

戊戌变法后，守旧人士聚拢在慈禧太后身边，意图依靠民间发起的"义和团"力量，肃清来自夷邦的人与物，诛杀光绪帝，进而清洗朝廷中的开明官僚。

义和团初为乡间自发结社的小团体，以练拳为名，仿照民间白莲教搞起秘密宗教崇拜，致使很多义和团团员坚信自己刀枪不入，信奉的神灵五花八门，包括关云长、孙悟空和姜子牙，不管是哪路神仙，只要在首领的带领下，喝符念咒，保管神灵庇护，法力无边。

这个民间组织的基本气质，用我们现在的眼光来判断，就是一群目不识丁的游民，生活很穷困，聚在一起，练武、打架、相信神灵护体就可刀枪不入。

这个民间组织，是怎么发展成为义和团运动的呢？其背景十分复杂，雷颐在《百年义和团》中论及，最根本、最直接的原因是"反洋教"。洋教是指西方传来的基督教。传教士来到了中国，与当地农民屡屡发生各种冲突。外国传教士在中国民间，其实也是遵纪守法的，但遇到什么纠纷，总归是要偏袒自己的教徒。而所收的中国教徒，良莠不齐，很多人只是因为传教士给钱，就选择了入教。中国传统的佛教庙堂，基督徒就不会进去拜，这也让乡里邻居侧目。连祠堂这样的地方，传教士也不许中国教徒进去。如果一家人有的信教，有的不信教，教徒不能进祠堂拜祖宗，就制

2-6
一位义和团士兵

他的头巾上绣着"佛"字，身前挂着一个铭牌。在义和团的神的意义里，他被加持了某种神秘的力量，可以刀枪不入。

造了很多家庭矛盾，吵来吵去，还是洋人的错。

当时又正在社会震荡期，中国与外国人打架，打输了，又割地又赔款。在乡间，在识字率只有5%的民众心目中，外国人已经被妖魔化了。有谣言将外国传教士等同于炼仙丹的道士，说传教士挖人心、吃婴儿脑髓。这种荒诞的谣言，在有着传统迷信的中国农村传得很快，很多人都深信不疑，再加上当时困苦生活的压迫，就使得一股子怨气全撒在洋人身上。

这股愤怒有由头，却没有道理、没有理智，不求一个解决的方案，只求一个发泄的对象。这种性质的愤怒，很容易扩大，并波及更多人。任何和洋人有关的事物，比如教堂、铁路等，也成为了义和团的破坏对象。

当时山东两任巡抚，李秉衡、毓贤，对义和团这种滋事寻衅的做法都是听之任之，甚至给予表彰，称为"义民"——只因为他们打架的对象都是洋人。于是义和团干脆打出了"扶清灭洋"的口号，在山东变本加厉起来。

1899年，袁世凯任山东巡抚，他对义和团的定义就是"乱民"，丝毫不客气地用朝廷军队来剿杀之。义和团在山东没法待了，就纷纷跑到河北。山东巡抚大力剿杀义和团，直隶总督却热情拥抱义和团。大清朝廷内部对义和团，也大致是这两种态度。以毓贤为首的官员，将义和团推荐给慈禧太后。

义和团反对外国势力，慈禧认为可以拿来一用。除了急于掌握全部决策权的慈禧，还有一批非常顽固的朝廷文官也持这种立场，这些人认为，只要把洋人给赶走了，自己的问题就解决了。这样，以义和团为契机，中国所有的顽固派人士都联合起来，一同抗外。

1900年5月中旬以后，清帝国当政权臣端王载漪、刚毅招引义和团入京，顿时京城失序，使馆、教堂烧杀事件不断，义和团直接在北京大街上行杀人之事，甚至出现因为一盒火柴就将一家八口诛杀的极端行为，更不用说洋人、开明官绅、维新党人了，遇之即杀。

义和团成为朝廷顽固派的工具，朝着更为极端、非理性的方向发展。6月11日，日本使馆书记官杉山彬被义和团杀害。6月19日，总理衙门（即清政府的外交部）请各国公使于24小时内离开北京。6月20日，德国公使克林德仍想与清政府交涉，在前往总理衙门途中被义和团杀害。

慈禧知道义和团已经出问题了，不可能依靠他们来做事。但一次难辨真假的"外交照会"事件，让她一怒之下，在1900年6月21日，向一切"远人"和"彼等"宣战。

2-7

伪装成义和团团员的甘军士兵

甘肃提督董福祥将军率领他的甘肃穆斯林部队，在义和团运动期间抗击八国联军。他的部属杀死了日本使馆书记官杉山彬。6月20日，董部围攻并用土炮轰击东交民巷的使馆区。这个英勇的将军后来还与八国军队在城区进行了战斗，并保护慈禧退居西安。他后来被列国指控为首凶，但在皇太后的保护下，只是被革职。

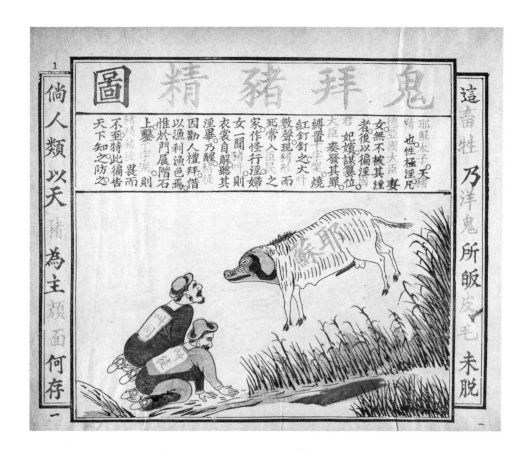

2-8
反基督教的宣传画

这幅标题为"鬼拜猪精图"的宣传画,将天主教徒描绘成了"外国人中的恶魔崇拜"。这些民间的乡绅故意将"主"读作同音字"猪",将基督教诋毁为猪崇拜。这幅画不仅提供了反对基督教教义的理性论据,并通过将外国人描绘为具有危险超自然力量的动物和恶魔而加强了情感谴责。这些反基督宣传画长期流传在中国乡间,体现了清国民间与天主教徒间的冲突。

2-9
被烧毁的天主教堂

1900年6月13日,北京王府井天主堂被义和团烧毁,在堂内避难的一批天主教民被烧死。1904年,这座圣约瑟教堂由法国和爱尔兰人用庚款进行了重建,并完全恢复了之前的形制与规模。

一份假情报引发清廷向世界宣战

1900年6月21日发布的对外宣战谕旨，由于没有点名哪个国家，等于向诸列强宣战，这不仅是清王朝的"破天荒"，也是中国历代王朝所不曾有的。执政40余年的慈禧太后之所以一改主和避战的态度，与外国势力决裂，乃是新仇旧恨一块儿算的结果。在戊戌变法中，慈禧有心废掉光绪帝，让李鸿章私下打听列强的意见，但列强均不支持。慈禧从此种下对列强的旧恨。

新仇则是跟一封假情报有关，此为端王载漪所"导演"。慈禧太后想废光绪帝，打算再立载漪之子为新皇帝，虽然没有执行下去，但也显然让载漪动了心思。载漪还带领着义和团包围了光绪的住所，要刺杀光绪帝。慈禧亲自出面，这事才算平息。这时候慈禧已经有解散义和团的想法了。

载漪为促慈禧太后宣战，私下命令连文仲伪造了一份要慈禧太后归政的"外交团照会"，让怡亲王溥静派江苏粮道罗嘉杰之子于午夜呈交荣禄，再进呈慈禧太后。慈禧看后勃然大怒，遂声泪俱下又激情澎湃地对众大臣作了战争动员令，当场宣布如再有人言和即刻斩首。

义和团在北京城领到了朝廷发的大米和军械，开始围攻各国使馆区。荣禄（当时慈禧亲信中，只有其一人坚持认为义和团不可用）害怕局面难以收拾，暗中指示炮口故意不瞄准，使馆区"久攻不下"，荣禄又暗中派人给使馆送瓜果以示慰问。

自宣战之后，地方各路大员如两江总督刘坤一、湖广总督张之洞没有急于迎合朝廷共同对外杀敌的号召，而是互相联络，和列强商议中立以求自保，史称"东南互保"。史学界承认了"东南互保"的积极意义——避免八国联军将战祸蔓延到全中国。

坐在紫禁城里的慈禧被顽固派大臣环绕，每天听到的都是清兵大胜的好消息，哪知道八国联军已经快到宫门口了。八国联军从天津大沽口登陆，一路向北京城进发。队伍一开始磨磨蹭蹭，内部又互相猜忌，后援部队迟迟未到。到8月初，最终汇成的八国联军有8000名日本人、4800名俄国人、3000名英国人、2100名美国人、800名法国人、58名奥地利人和53名意大利人。

2-10
清国最后的状元张謇

在太后向八国宣战之后，二品官员盛宣怀审时度势提"东南互保"案，于南通开办纱厂的"状元企业家"张謇得闻此议，说服江浙总督刘坤一"提着脑袋参与互保"，清国官场为之震动。

张謇以状元身份创办了清末民初一系列的现代化纺织企业。讽刺的是，他赖以传世的却是他创办的各种大学。1902年，张謇创办了清国第一所师范学校。三年后，张謇又参与创办了复旦公学，包括现在的上海海洋大学。到1922年张謇70岁生日时，大生集团资本已达900万两，有纱锭15.5万枚，占全国总量一半以上。其创办的学校也达370所。是年，张謇被北京、上海报纸选为民众"最敬仰之人物"。四年后，74岁的张謇病逝在南通。其产业尽数衰微，而学校仍屹立。胡适先生悼词中称其为"一个很伟大的失败的英雄"。

2-11
刘坤一南京会见西摩尔

1900年,两江总督兼南洋大臣刘坤一与来访的英国海军陆战队海军上将西摩尔在南京进行了会晤。西摩尔于1898年2月18日成为英国驻华舰队司令。1900年,他带领八国组成的盟军从大沽登陆,但在廊坊遭遇失败,西摩尔遂只身南下会见刘坤一。刘坤一在1898年戊戌政变后强烈反对慈禧太后罢黜天子光绪帝,在1900年义和团乱时主张严厉镇压,并倡导组织了东南互保,保障了东南各行省免受拳乱之祸。显然,他的行为受到了盟军的认可。他与西摩尔爵士的会晤被英国媒体进行了报道,并被描述为友好的清国重臣。

2-12
英国公使馆

英国公使馆坐落在东交民巷,它原是醇亲王奕譞的府邸。咸丰十年(1860)英法联军攻入北京,这位亲王的府邸被英国人抢占,修缮后作为英国在清国的第一个公使馆。英国人将这座中式四合院改建成一座外中内洋的建筑,仅保留了醇王府的仪门、正殿、翼楼、后寝及配殿。它后来遭到了义和团的重点攻击。

2-13
"拳击手比尔"老式炮管

1900年6月,义和团将东交民巷的英国公使馆围得水泄不通。英国公使馆里仅有一门叫"拳击手比尔"的老式炮管,使馆里的志愿者们机智地将这门旧的炮管装在一套属于意大利的残缺的火炮轮架上,组装成了一门所谓的"国际炮",轰击义和团员。围困英使馆的义和团员在长达数月的时间里,从墙外用岩石而非炮弹,击伤了许多人,而清军则为他们扔过来赖以为生的食物。这场奇怪的围困战为何打成这样,至今成谜。只有这门炮,现存于美国海军陆战队博物馆。

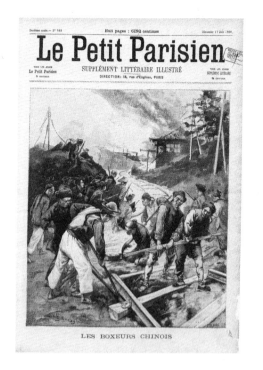

2-14
法国杂志的封面插图

1900年6月17日,在一本法国杂志的封面插图中,义和团摧毁了象征西方外来势力的铁轨。在民间,铁轨与火车被描述成了碾压帝国龙脉风水的罪魁祸首。在这年,干旱袭击山东时,绝望而饥饿的农民迫切寻找替罪羊。他们攻击了一切仰赖传教士保护的外来事物,这些攻击蔓延到对铁路轨道和电报线的破坏。

2-15
《冰球》杂志封面插图

在1900年10月的《冰球》杂志封面上,美国人再次表明了对于中国这个庞大的"野蛮力量"的厌恶以及对自由贸易退步的担忧。那个天使象征着天选之子的美国,她准备用剪刀剪去象征着满人传统的长辫。文明写在天使的斗篷上,长袍上画了一列火车和电报。而那个衰老的中国,用一把拒绝文明的遮阳伞遮住自己。这个封面图画的真实意图是担忧义和团的仇外暴力将压倒无能的中国统治者,使国家陷入混乱,阻碍全球贸易并损害美国的国家利益。但这幅剪去辫子的漫画,却在十几年后,启发了中国革命者对于推行民主的认知。

2-16
德国明信片

明信片中一个身着满人服装的小孩,在德意志的旗帜下站直敬礼。

2-17
德国兵和清国官僚互相敬烟

这张印制于清国义和团起义前夕的明信片,仍然传达了清国与德国居民的友好甚至亲密的形象——一个德国水兵与满族官员在微笑着抽雪茄。这种友好其实只是德国占领者虚构出来的幻象。德国传教士在19世纪90年代开始,在政府保护下渗透进入山东省。当1897年两名德国传教士被杀时,德国人终于找到了借口,迫不及待地强占了胶州湾,强迫中国政府准其租借99年。胶州一下子成为了德国民众热门的旅游胜地,而寄回一张印有清国官员或孩童的明信片,则成为某种炫耀的资本。

2-18
八国联军中的日本部队

1900年8月4日,两万多日军登陆天津,并向北京开进。日本是联军中派出部队第二多的国家,这个东亚近邻将进攻清国作为扭转国运的起点。自甲午战胜之后,日本人的野心开始急剧膨胀。

2-19
英属第一孟加拉骑兵团及马匹抵达天津火车站

他们将在这里向清国的首都发起进攻。英军共派出四个印度兵团,这些印度雇佣军士兵曾在对清国的战争中三战三捷。

2-20
日军在攻陷天津水师营炮台

在天津的记者发往英国的电文中称：溃逃的清军竟没有打开封存在军火库里的克虏伯山炮，100多万公斤粮食以及最新进口的各种枪支弹药完好无损地堆在仓库中。一个不解之谜是，清军竟放着这样精良的武器不用，而只使用古老的大刀和木棍与联军作战。

2-21
联军在运送武器辎重

联军正在将山炮装载到开往北京的火车上,围观的清国民众对于联军的行动充满好奇,似乎在观看与他们无关的事件,其中一位老者还提着鸟笼,像是刚散步到此。《泰晤士报》的记者在发往伦敦的电文中认为,清国国民似乎没有国家概念,他们对于联军将要攻击他们的皇太后与皇帝一事并不关心。这些长辫子的民众甚至会帮忙带路,或者提供食物,这让联军十分惊讶。

2-22

天津定南门前的清军阵地

大沽炮台失守后,俄罗斯军队从塘沽火车站向天津进攻,日本军队从海河向天津进攻。天津之战从6月14日开始到7月14日结束,历时一个月,中经大沽之战、老龙头火车站争夺战、紫竹林租界攻坚战和八里台保卫战,这座北京的卫城最终被联军攻破。

2-23

伤痕累累的天津定南门城墙

英国的雇佣军"华勇团""印度旅"配属的四英寸舰炮,对着这座从1493年开始建成的明朝城墙进行了猛烈的轰击,定南门城楼在14日被攻陷。1901年,由八国联军组成的天津都统衙门下令拆除城墙,改筑环行马路,墙基残存在地面以下,天津成了不设防的城市。自此,从明朝以来就建立起来的天津城垣不复存在。

2-24
联军攻占大沽口炮台

这是刊发在英国媒体上的一张关于联军攻占天津大沽口的宣传画。联军与他们的炮舰以及所谓的勇敢都集中在这幅夸张的画面上了。而清军的抵抗则只在画面上有点滴的呈现。

2-25
联军抢修铁路

西摩尔的联军遭到义和团的英勇阻拦,先后在廊坊车站、杨村等地被攻击。几次努力均告失败后,联军伤亡很大,紧急修复的铁道也旋即被再次破坏,联军只能放弃铁道,退回杨村,改由运河北上。这张照片记录了联军统帅西摩尔将军指挥工程师与雇用的农民,修建被义和团破坏的铁路桥梁,打通通往北京的道路的努力,它曾被制作成为香烟卡片,成为欧洲流行的收藏品。

2-26
英国军队运输舰炮

1900年6月,一队英国海军陆战队的队员和志愿兵正在运输四英寸的舰炮,准备对在天津的义和团进行攻击。旁边站着的是从烟台出发的雇佣军"华勇团"的中国士兵,他们将参与对自己祖国的战争。这些士兵们神情轻松,似乎在进行一场简单的游戏。有一位绅士骑着自行车,来到炮兵阵地前观看。

2-27
天津老龙头火车站惨景

据称防守车站的是红灯照的女士兵,她们手中的红灯以及落后的大刀,都在联军的枪炮下,完全失去了抵抗能力。英国的《泰晤士报》称,这是战争史上唯一一支被步枪与四英寸舰炮轰炸而丝毫不惧的女兵团队。

2-28
日本兵处决义和团团员

1900年,天津郊外,一名义和团男子即将被一名手持利刀的日本士兵处决。前方的土坑就是他的坟墓,几名日军站成一排在近处监斩,远处的山包上是正在围观的同胞。据称这名义和团员杀死了两名攻击天津的日军。

八国联军从下水道冲进了北京城

1900年7月，之前只是担任美国《世纪》《哈珀周刊》等杂志撰稿员的美国《莱斯利周刊》随军记者西德尼来到中国，第一次投入战斗。8月13日凌晨3点，他被将军轻声唤醒。

没有吹军号。除了低语声和移动的脚步声外，只有美国第九步兵团静静吃着早饭的声音。月光下，两个营站好了队。没等几分钟就看到日本骑兵排好纵队走过，然后是只有40人的奥地利水兵，再后是更多的日军。第九步兵团跟在英国海军旅后面，只听到子弹尖锐的嗖嗖声像手表的嘀嗒声一样有规律。

然后一股巨大的烟柱伴随着巨响升腾起来——城外平原上的中国弹药库爆炸了。炮弹在头顶像撕开布匹一般撕裂空气，在一股股血淋淋地退下来的伤残士兵身上，可以看到褐红色的裹伤布、撕裂的肉和贪婪的苍蝇。

戴厚头巾的高个子穆斯林和锡克人的头高耸在矮小的日本人中间。一大群穿蓝色衬衣的美国兵和穿卡其布装的威士火枪手来来往往，英国海军候补生则骑着中国矮马四处走着……一英里外的城墙上，成群的中国人在他们高大的城墙壁垒上饱含蔑视地向世界列强开炮射击，因为在另一边俄军和德军正对他们发动进攻。

1900年8月15日，北京陷落。慈禧太后携光绪皇帝逃出北京。

当日傍晚，枪声停止了，万籁俱寂，俄国《新边疆报》记者扬契维茨基重新登上城墙，看到这个古都的上空，到处纷飞着令人生畏的弹药：燃烧的铅弹、钢铸的榴弹，还有中国人用生铁制成的古老的炮弹。

法国《费加罗报》记者罗迪同样在这个时候走进北京城，瞧见的是：几个衣衫褴褛的乞丐，战栗在蓝色破衣下；几条瘦狗，食着死尸……被炮弹、机关枪光临过的北京，留下的仅有颓垣败瓦而已……一切皆坍塌了，但欧洲人的国旗飘扬在中国城墙上。往昔庄严肃穆的天坛，任由马队驰骋。英国人带来攻打中国的上万名印度兵，就在这里扎营，草地上全是马粪。一个大理石香炉，以前是中国人祭神烧香用的，这时候被英国人拿来杀瘟牛。烧杀抢掠，成了这些侵略者的狂欢。在另外一个摄影师的镜头下，大批的联军从古老的明朝城墙的下水道里进入了北京城。当然，在大清国的记述里，这些是护城河的河沟，现在河里的水干涸了。奇怪的是，护城河的两边站着看热闹的北京人，他们木讷的脸上有着怪异的表情。

记者贾伯·怀汀直接记录外国人在北京的抢劫。但是这一行为不仅限于某一团体或是某一国籍，甚至不局限于男人们。他无法忘记1900年10月到11月间，从保定府再到天津的途中，那些中国人受着折磨慢慢死去的痛苦场面、烧着的人肉味、垂死者骇人的惊叫和那些受难者脸上的表情。

随军记者并不是少数。记者胸前佩戴着的勋章，不是为了表彰其新闻报道的翔实，而是因为在战斗中受过伤。在贾伯·怀汀看来，这期间天津成了最具世界性的城市。记者坐在饭店的阳台注视着过路人，"英国人、法国人、德国人、意大利人、奥地利人、美国人、俄国人、朝鲜人和日本人、来自印度六个不同邦的人，全都来来往往"。

一个腿部被子弹击穿的爱尔兰人躺着，一边吃午饭，一边对伦敦《威斯敏斯特评论报》记者狂妄地说："当然，我从来没想到过用中国皇帝的盘子吃饭并睡在他的床上，老天爷，这才是我的家。"

2-29

英国军队首先攻入北京城

1900年8月14日，英国雇佣军印度旅在北京民众的"指点"下，从距英国公使馆附近500米的北京城墙下的泄洪闸（下水道）首先攻入北京。

THE FALL OF THE PEKIN CASTLE THE HOSTILE ARMY BEING BEATEN A

2-30
进攻皇城的浮世绘

这幅图画出自"清国战乱画报"系列浮世绘中的一幅,标题为:"联合军皇城内的敌兵击退图"。真正的紫禁城之战远没有画上的激烈,太后、皇帝出逃后,紫禁城只是一座空城。日军自发动甲午战争开始,就十分注重宣传其对外作战中的伟绩,并建立了一套完整高效的宣传系统,这在随后的日俄战争中更为显著。

2-31
俄军用马车运送军用物资

八国联军中,德俄两军普遍被认为是野蛮凶悍的部队,军纪较差。德军被冠以绰号"匈奴",俄军则被称为"毛子"。他们所到之处,奉行杀光烧光的政策。当时的记者写到,俄军所过之处片瓦无存,惨象惊天。

2-32
天津至北京段的大运河

八国联军中的美军部队征用清国商人的帆船运载战备物资。

2-33
紫禁城前的日本旗

1900年8月,一面日军的太阳旗插在紫禁城前破败的木栅栏前,日军抢先进驻了这座皇帝的宫殿。

2-34
北海西天梵境(大西天)北端琉璃阁及重檐六角十佛塔亭

1901年,占领者正在公开地抠除上面的珍贵佛像。八国联军攻占北京时,对北海有过较大的破坏,两年后才进行了重建。

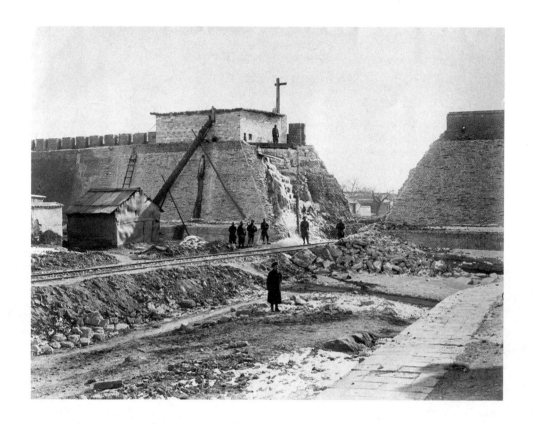

2-35
联军占领北京外城

1900年10月，他们在永定门城南偏西外城南垣扒开豁口，于护城河上架起临时铁路桥。火车自此开进了清国的首都。联军把穿越城墙的车站，设在了清国皇家的祭坛——天坛附近。他们炸开了天坛西侧围墙，建造了北京车站。1903年，东交民巷的外交官们，要求在正阳门瓮城东侧建立新的北京火车站。史称"京奉铁路正阳门车站东站"，并先后易名前门站、北平东站、北京站。

2-36
联军在紫禁城举行阅兵式

1900年8月28日,联军在天安门广场金水桥前集结,在德国元帅瓦德西的主持下,八国士兵列队依次由大清门进入紫禁城,穿过皇宫,出神武门。共有俄军、日军、英军、美军、法军、德军、意军、奥军等共3170人,俄国军乐队吹奏各国国歌、乐曲。阅兵之后,各国军官重回皇宫,以参观为名公然疯狂抢劫,一个英国侵略者事后回忆说:"一大群联军军官见到这些东西伸手就拿,把他们想要的东西装入口袋。"

被征服的天朝到处悬挂着投降旗

> 俄国记者扬契维茨基记录，街道是狭窄的、肮脏的，穿过中国人的住宅区，到处都有中国人恭敬地举着白旗、弯腰行礼。在他看来，上一次中日战争引起的恐惧是不可磨灭的，因此中国居民楼四处悬挂的旗子中，大多是日本太阳旗和写着"大日本顺民"的旗子。

到处都是旗子，军队的驻地、领事馆、医院、小铺子、饭店乃至饮酒铺子的上空都纷纷飘扬着旗子。各国的旗子不仅告诉任何一个外国人，他可以在何处找到他的同胞或者盟友，而且，"旗子还意味着它会掩护和保护任何一个悬挂它的人。旗帜是如此地神圣不可侵犯，受其庇护的人因而也是神圣不可侵犯的"。同时，旗子还指明持有旗子的人归属于联军的哪一国家的军队，那是因为如今只有军人才是天津的主人。

然而，只要是各色旗子下的军人，不分种族国籍，他们唯一要做的就是"征服"。

联军不只是抢劫城市。在他们看来，中国人就是蛮子和苦力，对待他们就像对待奴隶一样。为了抓中国人来干粗活、重活，联军还组织了一些跨国的狩猎队，专门抓这些穿着蓝布褂的中国人，逃跑或反抗的统统用棍子打。

在天津的联军开了两次会议讨论成立天津民政机构。直隶部队的司令官、英国多沃德将军、法国德佩拉科上校、美国米德上校、德国奥泽多恩大尉，还有奥地利和意大利的中尉，聚在一起商讨在天津如何切割利益。

后来这些人成立了"中国天津都统署"，俄国记者称此为"国际机构"，从一开始就"认真、有效、迅速工作"，在"相互信任""相互支持"的条件下，"生气勃勃"地存在了两年。直到1902年，袁世凯劝退了侵略者，派唐绍仪接管了天津。

2-37

富商的宴会

1901年，八国联军攻陷北京的第二年，两位富商来到著名的八大胡同喝花酒，他们叫了两位弹唱者，还有三位妓女作陪。

2-38
1900年的山海关

在长城最重要与最险峻的古关山海关上,挂着一幅明朝进士萧显所书的"天下第一关"牌匾。这个东方国家的方块字,在读书人心中是一种重要的艺术。是年,联军中的德军占领并驻守在此处,山海关失陷。

2-39

颐和园的铜牛

1900年，攻占北京颐和园的一位英属印度士兵守卫着著名的铜牛。

2-40

公主坟前的石马

1900年，一位英国妇人坐在北京西郊的一座被破坏的公主坟前的石马上，拍下了这张标准的游客照。石马据称是为了看护清国仁宗嘉庆皇帝的两个公主的陵墓，因两个公主去世的时间只差两个月，所以陵墓建在了一起。这匹不能行走的矮小可爱的石马后来在清国屡次的外患与内乱中失踪了。

2-41

被俘的义和团员

1900年8月,义和团的被俘团员双手被绑缚在身后,引出一条长长的绳子,另一头系在趾高气扬的日本士兵手中。烈日当头炙烤,士兵和俘虏身下的阴影暗淡、细长。

2-42

联军公使们进入午门

1901年,美国陆军在紫禁城午门列队,清国的太后与皇帝逃到了西安,曾是太后座上宾的各国驻华公使夫人们走在皇宫内的直道上。

2-43

1900年8月，美国海军陆战队在北京一条胡同里巡查

照片的右边有一个当地居民止在观看这些士兵行进。联军攻占北京后，对义和团团员几乎进行了拉网式的搜查。

李鸿章受命北上收拾残局

7月8日，77岁的李鸿章受命北上。晚清实力权臣第一人、洋务自强运动名副其实的领袖、外国人唯一承认的清廷发言人李鸿章一生都走在剑锋上，现在愈发知道如何置身于危险游戏中的安全边界里。他走走停停，每一步都踏上生死攸关的节点。

朝廷第一次召见他，他找借口在广东待了一个月，他深知此时太后倒向顽固派，容不下自己，直到7月朝廷重新给予他权力，授他直隶总督兼北洋通商大臣。然而，他从广东坐船到了上海，又不走了，因为此时北京城已经失控。直到慈禧逃往西安，授他全权议和大臣，他才瞻前顾后，一方面确认了列强的基本态度和基本稳定的形势，一方面设法让荣禄到西安去遏制顽固派的影响，才于9月18日抵达了天津。

李鸿章出身并不算显赫，幸而年轻时拜在曾国藩门下。李鸿章一生尊称曾国藩为老师。曾国藩的湘军围攻太平天国都城南京时，另一路太平军欲攻上海，江浙一带的士绅来求曾国藩援救。不巧的是曾国藩中意的人选当时都分身乏术，李鸿章得到曾国藩的支持在老家安徽一带招募一批士兵，这成就了日后赫赫有名的淮军。凭借这支苦心经营的力量，李鸿章声名鹊起，势力坐大。

李鸿章在年轻的官吏中属于较为开明者，注重实务，愿意开眼看世界，中国近代第一条铁路、第一座钢铁厂、第一座机器制造厂、第一所近代化军校、第一支近代化海军舰队等，都不缺李鸿章的身影，他是洋务运动最主要的推动者，也成为清廷必须依靠的肱股之臣。《中法新约》《马关条约》都曾经李鸿章之手烙上耻辱印记，尤其是后者，这个73岁的老人在日本马关谈判时险些被刺杀，子弹卡在他左眼下的骨缝里，给朝廷的电文里他说"伤处疼，弹难取"，那些日子里每个细节他都会报告给朝廷，他的遇袭给日本带来外交压力，于是他趁机要求削减战争赔款一亿两白银。

当清廷盲目地对所有外国宣战，能够收拾残局者，唯有李鸿章一人。这也是他人生中，最后一次站在一个屈辱和尴尬的位置上收拾这样的局面。

9月18日到达天津后，李鸿章去了他曾经执政达20多年的直隶总督府，总督府已是一片废墟。一个月后，李鸿章到了北京。驻扎在此的外国联军宣布除了"两个小院落仍属于清国政府管辖"之外，整个北京城由各国军队分区占领。那两个小院落，一个是李鸿章居住的贤良寺，一个是参加与联军议和谈判的庆亲王的府邸。联军开出的条件极为苛刻，年老力衰的李鸿章竭力磋磨。每当聚议时，一切辩驳均由李鸿章陈词；所奏朝廷折电，概出李鸿章之手。可是，如今的状况比马关时的城下之盟更糟糕，已经到了"人为刀俎，我为鱼肉"的地步。

李鸿章受了风寒，病倒了，联军打算继续拖延，方便"漫天要价"，但此时已有些沉不住气了，"议和大纲"终于出笼。在外逃亡的太后回电李鸿章"敬念宗庙社稷，关系至重，不得不委曲求全"。1901年9月，李鸿章与联军签订《辛丑条约》。这个条约真正让中国沦为"次殖民地"。

八国联军最初要求定12名官员死罪，包括庄亲王载勋、端郡王载漪、刚毅、毓贤、李秉衡、徐桐和董福祥将军。最后解决的办法是赐令庄亲王自裁；端郡王充军新疆，终身监禁；毓贤即行正法；董将军被革职。刚毅、徐桐和李秉衡已死，顽固派退出了清廷主政舞台。《辛丑条约》共有12条正文和19个附件，割地赔款均创历史之最。

2-44

李鸿章书法

李鸿章的书法于端庄中不乏生动，用笔按提有序、丰腴厚重，结体内敛有致、疏密井然，笔墨酣畅淋漓，有欧、颜遗风。他最擅长行楷，有台阁大臣的风度。这幅一读古人书留意天经地纬，为后世法无忘祖德宗功，也算得上是李鸿章的人生格言。

2-45
海兰泡的俄式车站

它的名字在俄国被称为布拉戈维申斯克,即报喜城,以庆祝1858年沙俄强迫清政府签订《瑷珲条约》,割让黑龙江以北约60万平方公里的土地这一件事。1900年的7月17日,十多万沙俄军队以"护路"为名,对居住在海兰泡的清国居民大肆屠杀,五天共杀死5000多名中国人(也有屠杀多达20万人之说)。7月22日,沙俄称海兰泡的清国人被全部"肃清"了。

维新党人海外遥控武力保皇

康有为从东渡日本那一刻开始，就一直抱有这样的幻想——将光绪帝从慈禧太后的魔爪下解救出来。不过保皇党人最终能够实际建构武力勤王的方案，还有赖于跟孙中山等革命党抢夺地盘上的优势。

孙中山本名孙文，是一个誓要埋葬清政府的热血革命青年。他早年仰慕康有为的声名，登门探讨革命之路，却被赶出门去。实际上，他不仅被康有为赶，清政府当然更容不下他，他长住在日本，有个日文名字"中山樵"，遂以中山自称。孙中山没有顾忌往日被逐，力邀康、梁合作，还把身边的朋友——引荐给康、梁，后果是很多华侨都成了保皇党人。孙中山之后曾评析，此段时间可谓革命最低谷。这就是保皇和革命两派势力争夺地盘的开始，其后他们有长达十年的论战，这也是中华民族对两种未来道路的抉择，在开始的一段时间里，保皇之说一直占着上风。

保皇党在海外华侨中站稳脚跟后，开始筹划用武力为光绪夺得实权。可惜，康、梁的海外筹款一直没有到位，战略部署不断调整，左右摇摆。还没等到约定的7月15日，汉口的总机关就被张之洞破获了。保皇党人筹划实施的唯一一次勤王方案流产。之后的保皇党人只能在他们办的报纸上为他们的皇帝鼓与呼了。

同一年，南方省份也爆发了零星的反清起义，不同于保皇斗争，这些起义在某种程度上，是武昌起义的前奏，尤其是惠州革命起义。意志坚定的孙中山以"冒失者"的形象开始进入公众视野。当时的中国人开始知道他的名字，因为报纸经常把他和康有为放在一起讨论。当然，1900年的这一次抗争，只是他革命生涯的初期阶段。

2-46
北洋舰队的年轻海军学员

他们像是刚离开家门的孩子,最右面的那个矮小的孩子据称才12岁。这些孩子大部分出自贵族家庭。很小的时候,他们的命运就被决定了。海军在清国是一个很有前途的新军种,在他们败于日本海军后,这支舰队却成了屈辱的象征。

2-47
培训结业的南京海关船员

他们头上戴着一顶上卷的檐帽,穿着特制的海关制服。这些船员的任务主要是巡视以及检查那些在南京长江口岸停泊的中外船只。1899年,南京开埠,清廷设立海关办理各种税务。中国海关人员的管理大部仍由外国人把持。摄影师雷金纳德·科丁顿(Reginald Follett Codrington)于1898年5月加入中国海关,并被送到琼州(海南),然后继续在南京、天津、澳门、九龙、汕头和南宁服务。这位热爱摄影的清国海关官员,拍摄了许多他认为有趣的海关人员的图片,现在它们成为了海关宝贵的财富。

2-48
新加坡一户华裔富人家的孩子的合影

清国的影响力显现在这些孩子的服饰上,两个小男孩穿着"僭越"的官服。女孩子们则纯粹一副异域装扮。远在北京的战事丝毫没能影响到这南国一隅。

2-49
旧金山街头的四个孩子

他们身着传统的满族服装，身后各拖着一条长辫子。面向街头的孩子似乎在抽着烟卷，其他孩子则好奇地围观。

2-50 滇缅边界谈判现场

1900年，中缅边界勘定中英边界委员会，清国负责与英国谈判的外交官薛福成与英国詹姆士·威廉·贾米尔森上校进行了第十轮谈判。此轮谈判中，清国提出了中英双方勘画滇缅边界北段界线，共垒石堆界桩97处。英以领事詹姆士为代表，清朝则派出勘界大臣刘万胜。英国要求清国"于思买卡河（即恩梅开江）与萨尔温江（即怒江）中间之分水岭西境，不得有干预地方治理之举"，企图以伊洛瓦底江与怒江的分水岭高黎贡山为界，以达到侵占全部未定界地区的目的。是年，清国总理衙门提出"红色线"画界思路，但此后英国始终坚持以高黎贡山为界。双方直到1911年，民国成立，也未谈成，英国反而恃强多次强占界外之领土。

2-51
北京观象台下玩耍的孩子

是年8月14日,八国联军攻破北京城。作为明清两代的国家观象台,也沦为德法争夺之地。他们分别抢走了明代制造的浑仪和简仪,1644—1673年制造的天体仪、赤道经纬仪、黄道经纬仪、地平经纬仪、象限仪、纪限仪,还有1715年和1744年制造的地平经仪和玑衡抚辰仪。孩子们身后运作了近五百年的古观象台,自此沦为废墟。

2-52

黄浦江上的中式帆船

外滩上高楼林立,海关大楼更是醒目,上海已然成为东方繁华之都。

2-53

驮轿

清末,一种由两头戴着笼头的骡子所架起的驮轿,是北京街头常见的交通工具。

2-54
破败的正阳门

1900年，正阳门在一年中经历了两次大火的焚烧。是年，义和团团员焚烧大栅栏时箭楼被飞溅火星引燃烧毁。城楼则于当年冬天被生火取暖的印度士兵不慎再次引燃烧毁。

2-55
十三陵的神道和入口

在它的两侧摆置着四个象征皇帝规格的华表。这是中国明代皇帝的墓葬建筑群。1409年起用,直到安葬崇祯帝后结束,历时230多年,共葬有13位明朝皇帝、23位明朝皇后、2位明朝太子、30余位妃嫔、1位太监。

2-56

北京国子监

一位小贩孤独地守在门口。从门洞里望进去，是青苔的石阶，以及悬匾的庙堂。在这座圣庙里，供奉着中国最大的学问家圣人孔子，他创立了一种叫作儒家的教派，塑造了中国人的思维方式和性格。然而，他的学说和这座高等学府，最终都沦为中国士人的进身之阶。

2-57

清末广州的商业街

照片中的街道显示了广州作为南方重要的通商要地的城市密度。街道狭窄,各种商铺的标牌重重叠叠,难以辨认。摄影师汤姆森认为,"中国城市的街道与欧洲的街道差别很大,除了南京和北京,总是非常狭窄。它们用石头平铺而成,并自然形成一个中间低凹的平面,这是将南方令人厌烦的大雨所造成的积水疏通的重要手段"。

2-58

一只华南虎的尸体

1900年,在厦门海关工作的欧洲人在郊外的森林中用步枪打死的一只老虎。这只老虎身形漂亮,是一只罕见的华南虎,它后来被制成了标本。据当时的记载,厦门郊外的森林与田野中,有许多野生的老虎出没。猎虎则是居住在厦门的欧洲人典型的消遣方式。

2-59
泉州街头的传教士

坐在轿子中的是英国长老公会的女传教士礼河莲（Lilias Graham），她正准备外出传教。礼河莲早在1888年就来到福建厦门传教，一年后被指派到泉州地区。光绪二十一年（1895）左右，她在泉州驿内埕创办盲人学校，名为"指明堂"，免费赠予学生衣食与书本，兼授指模拼音识字、编织等技艺，使双目失明者可以"重见光明"。

2-60

西安东关的万寿八仙宫

这座现实中的宫殿,在传说中是吕洞宾遇汉钟离,"一枕黄粱"被点破千秋迷梦而感悟得道之处。但真正让这座古庵成就大名的则是在1900年。是年光绪皇帝与慈禧太后避难长安,驻跸于此,封八仙庵方丈李宗阳为"玉冠紫袍真人"。慈禧太后赐庵名为"西安东关清门万寿八仙宫",还给了方丈李宗阳御棍两挺。

2-61
美国旧金山扫墓祭祖的清国侨民

据称在这个被广东人称为"三藩市"的西部城市,在当时已有将近五万人在这里生活。

2-62
香港跑马地的赛马比赛

早在香港被割让给英国成为殖民地之前,英国人就在当时被称为黄泥涌谷的跑马地马场举行这种公开的赛马运动了。1884年香港赛马会成立,早期赛马每年只举办一次,通常在1月至2月举行,为期数日,称为周年大赛。参赛的马主及马迷,多数是英国人或其他外籍人士、政府官员、洋行职员等。早年的英国人与华人各有其所属看台,华人不可进入英国人看台观赛。1891年,马会开始接受投注,赛马成为一种博彩活动。

2-63
1900年左右的香港维多利亚港

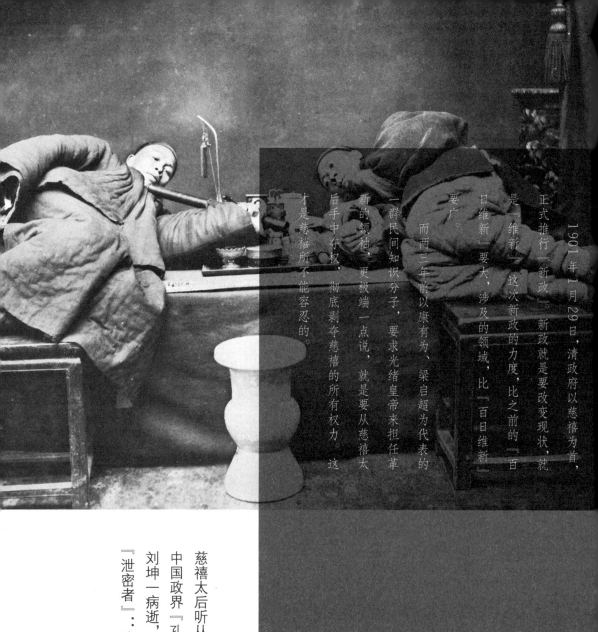

1901年1月29日，清政府以慈禧为首，正式推行"新政"。新政就是要改变现状，就是"维新"。这次新政的力度、涉及的领域，比之前的"百日维新"要广。

而两三年前以康有为、梁启超为代表的一群民间知识分子，要求光绪皇帝来担任革新的领袖，更极端一点说，就是要从慈禧太后手中夺权，彻底剥夺慈禧的所有权力。这才是慈禧所不能容忍的。

慈禧太后听从风水师的建议启程回銮中国政界"孔夫子"李鸿章离世刘坤一病逝，还剩一个张之洞"泄密者"：清政府已是个空壳家族

凋零

一九〇一·〇二

1901年,自景山顶向南鸟瞰

古老的紫禁城,深宫紧锁,掩映在中轴线的松柏与烟尘之中,深沉苍凉,如同一幅旧画。1900年,庚子事变,联军攻占北京,日本摄影师小川一真随日军进入紫禁城,第一次向世界展示了这座巨大的皇宫的隐秘世界。

1901年1月29日,清政府以慈禧为首,正式推行"新政"。新政就是要改变现状,就是"维新"。这次新政的力度,比之前的"百日维新"要大,涉及的领域,比"百日维新"要广。

而两三年前以康有为、梁启超为代表的一群民间知识分子,要求光绪皇帝来担任革新的领袖,更极端一点说,就是要从慈禧太后手中夺权,彻底剥夺慈禧的所有权力。这才是慈禧所不能容忍的。她并非不能接受革新、变法,她只是不能接受自己彻底退出政治舞台。

康有为、梁启超触碰到了慈禧的底线。而这个底线,如果换成一个稍微有点政治经验的人,都不会去触碰。说得更直接一点,康有为、梁启超在接近光绪帝要求变革之前,没有任何行政上的实际经验,只是读过书。这导致"百日维新"自身也漏洞频出,不成章法,没有体系。

100天之内,300多道圣旨,涉及法制、教育、经济、官制各个大小方面,以为发出圣旨就能开始贯彻维新,这是非常天真的想法。这种自上而下的维新,必须要有下面的执行力。而康有为、梁启超这些书生,恰恰不懂什么叫"执行"。

"百日维新"失败了,但是请再次注意,此时清朝政府的实际领袖慈禧,仍是支持变革维新的。所以,很自然,《辛丑条约》之后,慈禧领导的一系列维新变革措施,比起"百日维新"的措施,都还要更激烈更彻底,终于在1905年9月2日,清廷正式在全国范围内废除了科举制度。

慈禧太后听从风水师的建议启程回銮

自清国定鼎中原以来,共有两位皇帝因外敌入侵而被迫逃出北京。一次是1860年咸丰帝因英法联军出逃热河,还有一次是1900年光绪帝因八国联军出逃西安。而巧合的是,这两次逃亡居然都被慈禧赶上了。

八国联军进京的第二天,8月15日,慈禧与光绪离京,逃往西安。1902年初才返回北京。

装满行李的车队望不到头,在行李的重压下,车辆一路上嘎吱嘎吱地艰难前行。冬天日短夜长,全部人马昼夜兼程赶路。舒服的是慈禧太后、皇上、太监总管和嫔妃们,道路已经被打扫得平整干净,甚至还会铺上一层细土,队伍行进时,前面还有专门雇好的人用羽毛扫帚轻扫路面。每隔16公里就盖有设备齐全的休息室来供应饭食和糕点。这条专用通道由当地的承包商承建,造价约为每英里1000英镑,铺设路面的泥土都来自很远的地方。慈禧的卧室车厢里是一张欧式床铺,与此风格相仿的则是床上备有的豪华鸦片烟具。[1]

1901年10月,《辛丑条约》签订以后,北京终于变回帝都,慈禧太后率朝廷从西安启程回北京。这一事件被《泰晤士报》记者莫理循讲成了一个公路电影般的故事。

出发的具体时间,慈禧更重视算命先生的建议。朝廷到北京的吉辰定在1月8日下午2时,而从保定出发的时间就必须在早上7点。慈禧太后不顾铁路工程师的进言,早上6点冒着沙尘暴和天寒地冻抵达车站。苦了所有护卫兵,点着火把,打着灯笼,一步一步给轿夫引路。

---

[1] 西里尔·珀尔,《北京的莫理循》,窦坤等译,福州:福建教育出版社,2003年,第197—198页。

3-1

慈禧太后的回銮之旅

1901年随着《辛丑条约》的签订，慈禧太后也开启了回銮之旅。3000辆行李车结成浩浩荡荡的队伍，从西安出发，历时三个月，于1902年1月8日抵达京郊马家堡车站，两宫再乘舆经永定门入正阳门还宫。两宫回銮的护卫工作概由袁世凯的武卫左军总官姜桂题带队执行。照片中护送的军士是姜将军及其部下，远处冰面上是跪迎的百姓。

装饰有许多孔雀羽翎的銮驾终于抵达京城，慈禧太后衣着富贵，戴着华丽的满族头饰，"尊严"依旧。18个月前的一天早晨，慈禧凌晨4点醒来，满耳都是猫叫，仓皇而来的贴身太监李莲英告诉她洋鬼子已经打进朝阳门了，外面的响动是子弹枪炮声，咱赶紧避一避吧。皇宫上下顿时乱了套，慈禧让李莲英给自己梳了一个普通农妇的发髻，换上半新不旧的寻常衣服，带着皇亲国戚阿哥格格，一路向北逃窜而去。临行前，把与自己有宿怨且最受光绪帝宠爱的珍妃投入井中，强迫光绪帝跟随自己西逃。

　　初离京城的几日里，慈禧一行人吃尽了苦头，不仅没有美味佳肴，连起码的食物和水都不易得到，这些紫禁城里的贵人第一次切身感受到自己所统治的王朝已经凄凉到何等地步，到处是败卒残兵、饥饿流民。一顿要吃掉一百多道菜肴的慈禧此时只能啃玉米棒子充饥，一路上饱受蚊子、苍蝇和厕所里的蛆带给她的折磨。可是一旦地方长官前来接驾，入驻西安城，条件改善，皇家的排场又立刻重新讲究起来。地方官员倾其所有为皇族营造出他们曾经过惯的生活，就好像他们并不知道国家现在的境况有多么糟糕。

3-2
十八岁的载沣（中坐）

1901年7月12日，18岁的载沣以"头等专使大臣"名义离京赴德代表太后向德皇道歉，途经香港时留影为念。随行参与人员为前内阁大学士张翼（右四）、副都统荫昌（左五）。德国要求载沣见德皇时要跪拜，这位年轻的专使并没有使德皇如愿。

18 岁的醇亲王载沣乘船赴德国道歉

4月21日,大清国政府成立了督办政务处,作为主持变法的机构。

1901年6月,一家德国公司在上海从大清国朝廷获得了一份合同,该公司开始在清国首都北京安设电灯。

早在19世纪70—80年代,第一波留美潮已经悄然开启。达官贵人们的后代陆陆续续走出国门,又学成归国,并在大清国未来的发展中成为栋梁。

7月，因上年德国驻华公使克林德被杀事件，清廷派 18 岁的醇亲王载沣乘船赴德国道歉，并且为克林德竖碑立坊以示纪念。

爱新觉罗·载沣开始登上历史舞台。作为满清贵族的正统后裔，清王朝最后一位皇帝爱新觉罗·溥仪的父亲，他在清王朝最后三年里，不得已代替年幼的溥仪扮演掌舵者的角色。当然，1901年的他还只是一个刚刚成年的年轻人。

3-3
碑文已经被划掉的克林德碑

克林德碑本来树立在克林德被杀的东单路口。"一战"后，作为战胜国，民国政府兴奋地将象征耻辱的克林德碑，改名为"公理战胜"碑，由东单迁移至中央公园（今中山公园）。1952年，新中国将"公理战胜"牌改为"保卫和平"碑。

中国政界"孔夫子"李鸿章离世

1901 年 11 月 7 日，慈禧和光绪正在西安返回京城途中，《纽约时报》的头条不是皇族的归途，而是中国一位重量级历史人物的生命终结。这就是李鸿章，终年 78 岁。

在这位"40 年前平定了太平军，并以其爱国主义和英明才干而扬名世界"的人物面前，俄国《新边疆报》记者扬契维茨基有些局促不安，不知道自己非凡的口才去哪儿了，"跟当今中国政界的孔夫子，是不能攀谈的，在他面前只能是聆听"。

扬契维茨基是在天津采访李鸿章的：

这位中国伟人靠在椅背上，抽着长长的旱烟袋。他对我们非常冷淡，甚至有点蔑视地望着我们这两个年轻的洋人……李鸿章已老态龙钟，高高的个子，肥胖而笨重。他不时地咳嗽……在左眼下面还可以看得出日本刺客曾给他添上的伤疤。

《纽约时报》在李鸿章去世当日刊登了一篇占去好几个版面的长文，且在次日登载李鸿章朋友西曼医生悼念他的讣文。

李鸿章在欧美各国驻大清国公使团中赢得了外国人的尊重。1896 年 8 月 28 日下午 2 时，李鸿章一行乘"圣·路易斯"号邮轮抵达美国纽约港，"市民涌动如潮，港湾内百舰齐鸣"。那时候的《纽约时报》已经开始称李鸿章"既是著名军事将领，又是政治家、金融家和外交家"。在记者问及美国《排华法案》时，他曾义愤填膺地回答：

你们不是很为你们作为美国人而自豪吗？你们的国家代表着世界上最高的现代文明，你们也因你们的民主和自由而自豪，但你们的《排华法案》对华人来说是自由吗？这不是自由！因为你们禁止使用廉价劳工生产的产品，不让他们在农场干活。你们专利局的统计数字表明，你们是世界上最有创造力的人，你们发明的东西比其他国家的总和都多。在这方面，你们走在了欧洲的前面……但不幸的是，你们还竞争不过欧洲，因为你们的产品比他们的贵。这都是因为你们的劳动力太贵，以致生产的产品因价格太高而不能成功地与欧洲国家竞争。劳动力太贵，是因为你们排除华工。这是你们的失误。如果让劳动力自由竞争，你们就能够获得廉价的劳动力。华人比爱尔兰人和美国其他劳动阶级都更勤俭，所以其他族裔的劳工仇视华人。我相信美国报界能助华人一臂之力，以取消《排华法案》。

在西方人眼中的李鸿章有魄力，且"好问成性"。同年9月2日，《纽约时报》记录了李鸿章在英国访问时，与开尔文伯爵见面聊天，最后成了李鸿章一个人问，开尔文不停地回答。他甚至问到了外科消毒之父约瑟夫·李斯特的发明，这让开尔文无法接招。对西方先进科学技术的接触和了解，使李鸿章深谙中国发展之路的缺失。

美国记者卡朋特对李鸿章的专访则刊登在1900年9月23日的《共和报》上。

卡朋特说：我知道，阁下，慈禧太后对铁路和所有现代化的东西都很排斥。

李鸿章答道：并非如此。她很喜欢现代的好的东西。但是在接受它们之前，她希望我们确保它们是有益的东西。报纸对大清国政府的很多报道是不真实的。

卡朋特说：是的。但是，阁下，报道真实的中国很难。据说，慈禧太后将皇帝关在皇宫中好几个月。这是真的吗？

（尽管李鸿章老谋深算，他还是陷入了这位美国记者设的圈套。）他回答说：不，不是真的。皇帝与慈禧太后一起召见群臣，一起处理国事。

卡朋特立即问道：那么，谁是中国真正的统治者呢？谁在治理这个国家，皇帝还是慈禧太后？

停顿了一会儿，李鸿章也不得不回答道：慈禧太后是真正的统治者。

卡朋特又问道：但是，阁下，让年轻的皇帝做傀儡，让一位老妇人统治国家，不是一种奇怪的方式吗？

李鸿章回答说：我不这么认为。中国与英国的情况并无不同。威尔士亲王（Prince of Wales，英国皇太子，即后来的爱德华七世，时年59岁）的年龄也足够大了，但是维多利亚女王仍然统治着英国。慈禧太后非常聪明。

在西方人眼中的李鸿章有魄力,且『好问成性』。

3-4
年届七旬的大清国全权代表李鸿章到达英使馆

1901年1月15日,远逃西安的太后与皇帝命令直隶总督李鸿章和庆亲王奕劻与占领他们都城的联军谈判。李鸿章在议和大纲上签字的消息传出,国人即刻指责:"卖国者秦桧,误国者李鸿章!"

3-5

李鸿章

1901年9月7日，78岁的李鸿章在北京签订了他人生中最后一个屈辱条约《辛丑条约》。这位历经太平天国、捻军、洋务运动、中法战争、甲午战争、义和团运动，建立清国第一支西式海军北洋水师，曾签过晚清几乎所有重大卖国条约达三十多款的李中堂，终心力交瘁，签约不久便去世。李鸿章曾对自己做出让人愕然的人生总结："我办了一辈子的事，练兵也，海军也，都是纸糊的老虎，何尝能实在放手办理，不过勉强涂饰，虚有其表，不揭破，犹可敷衍一时。如一间破屋，由裱糊匠东补西贴，居然成一间净室，虽明知为纸片糊裱，然究竟不定里面是何等材料。即有小小风雨，打成几个窟笼，随时补葺，亦可支吾对付。乃必欲爽手扯破，又未预备何种修葺材料，何种改造方式，自然真相破露，不可收拾，但裱糊匠又何术能负其责？"

卡朋特问道：但是，阁下，她对中国了解吗？她没有对这个帝国进行过考察，也从未出宫与人民在一起。

李鸿章说：维多利亚女王个人也对英国一无所知。她偶尔去趟苏格兰，偶尔也去法国南部。她不得不从臣子那儿了解情况。慈禧太后也是如此。

李鸿章在晚上9点时已经穿好葬衣。庭院里摆满了与实物一样大小的纸制马匹、纸制椅子，还有纸人。当遗体准备下葬时，李鸿章的老友——美国人西曼医生正在为这位举世瞩目的东方人悲痛。

李鸿章的主治医师马可是一位极其高明的医生，且熟知李鸿章病情。然而不巧的是，1901年李鸿章犯重病时，马可医生随载沣赴德国去道歉还没回来。在西曼医生的回忆里，李鸿章的离去有偶然也有必然。

这个中国政界"孔夫子"生命终结的时候，他的妻子、两个儿子和他的女儿都静静守在他的身旁。李鸿章留下一件遗折，意在呼吁自强，举行新政。遗折原文如下：

伏念臣受知最早，荣恩最深，每念时局艰危，不敢自称哀痛，惟冀稍延余息，重睹中兴，赍志以终，殁身难瞑。现值京师初复，銮辂未归，和议新成，东事尚棘，根本至计，处处可虞。窃念多难兴邦，殷忧启圣，伏读迭次谕旨，举行新政，力图自强。庆亲王等皆臣久经共事之人，此次复同更患难，定能一心戮力，翼赞讦谟，臣在九泉，庶无遗憾。

临终，他嘴里还在痛骂向慈禧力荐义和团的前任山东巡抚。一旁的周馥见到李鸿章虽然咽气，但双目炯炯不闭，大哭道："未了之事我辈可了，请公放心去吧！"李鸿章这才闭了眼。所谓"未了之事"，却也再也无人能了了。在临终病榻上，李鸿章曾口述七律一首。这首绝笔诗曰：

劳劳车马未离鞍，临事方知一死难。
三百年来伤国步，八千里外吊民残。
秋风宝剑孤臣泪，落日旌旗大将坛。
海外尘氛犹未息，请君莫作等闲看。

3-6
1901年11月7日，李鸿章去世

李鸿章的家乡合肥及天津、上海诸地，为他建功德亭、竖碑、造墓地、祠堂。现在仅存合肥的李墓了。上海的李公祠，如今是复旦中学。此为1903年建造的天津李公祠，现为天津市第五十七中学。

3-7
1901年,皇帝与太后西逃后的紫禁城午门

这座宫殿的正门居中向阳,位当子午,故名午门。这里原是皇帝责罚或者立诏的森严之地,传说处置犯罪官员,将其"推出午门斩首"。此时的午门前荒草丛生,人力车夫拉着占领者随意出入。城楼上建筑损毁大半,左边城楼屋檐,为美军攻打天安门的流弹所损坏。

3-8
孙中山在横滨寓所

1901年1月，美国《展望》杂志记者林奇（右二）赴日本访问孙中山（右一），与孙中山倾谈惠州起义失败的真实情况。

3-9
《辛丑条约》签订现场

1901年9月7日，清政府派全权代表庆亲王奕劻、李鸿章与英、美、俄、德、日、奥、法、意、西、荷、比11国代表签订了《辛丑条约》，商定赔银4.5亿两，是为庚子赔款。此条约系清国史上赔款数目最庞大，主权丧失最严重的条约。李鸿章就此成为史上争议最大的"卖国者"。

3-8	3-10
3-9	

3-10
客居日本的章太炎

1901年，章太炎写下《正仇满论》。文中，太炎驳斥了梁启超《积弱溯源论》，引《左传》"非我族类，其心必异"之义，彻底否定清室统治的正当性。文章气势磅礴，上海"人人争购"，朝野为之震动。章太炎几乎以一人之力，将革命合法化，使革命思想成为当时最煊赫的潮流。清廷的两个总督、三个巡抚，对这个学问深湛的"革命哲学家"，下令"严捕立决"。次年2月，章太炎再次逃亡日本。他其后七被追捕，三入牢狱，未有惧色。

3-11
慈禧的汽车

1901年11月29日，时任直隶总督的袁世凯为贺慈禧太后66岁大寿，专门花费白银一万两从香港购置了这辆"杜里埃"牌汽车送给慈禧。这辆敞篷式汽车，为黑色木质车厢、黄色木质车轮与辐条、铜质车灯、实心轮胎、两轴四轮、横置式气缸、10马力的汽油发动机。最高时速为每小时19公里。这个1901年清国宫廷中最快速度的汽车，起初很受太后的喜爱。一位叫作孙富龄的留洋者成为了这辆车的司机。但他却以这样慢的速度，在喝了一碗米酒后，撞死了宫里的一位太监，开了清国酒驾撞死人的先例。他在紫禁城开车带太后游玩的风光岁月只维持了半年。大臣们认为一个奴才在驾驶汽车时，不仅坐着而且还坐在太后的前面，实在有失大清体统，孙于是跪在被拆去前座的车上做了一段时间的司机。孙感到自己的生命随时可能会失去，便谎称这辆车坏了而不再开车。这辆清国第一车于是就一直搁置在紫禁城，后来又移放到了颐和园。它作为一个时代的象征，存放至今。

3-12
总理各国事务衙门

1901年，位于北京东堂子胡同的晚清最高外交机构总理各国事务衙门正式退出历史舞台。门前牌楼上书"中外褆福"，语出《汉书·司马相如传》："遐迩一体，中外褆福，不亦康乎？"意谓中外平安无事之意。在这一年的新政中，这个成立40多年的清廷外交事务部门，正式更名为外务部。清国在第二次鸦片战争之前并没有正式的外务部门。1861年1月11日，恭亲王奕䜣与文祥上奏《统筹全局酌拟善后章程》，即提出要设立新的外交机构来处理新的外交事务，后于3月11日正式成立总理各国事务衙门，同时根据《天津条约》，邀请各国公使驻京。

总理各国事务衙门作为最高外交事务的机构，事实上不是一个正规的政府部门，而更类似军机处的下属机构，且具有临时性，因此它没有正式的官品和编制。这个清国最高的外交部门，主要负责外交事务的执行而非决策，决策的权力主要掌握在慈禧太后以及军机大臣手中，但因早期负责的恭亲王和文祥都是具影响力的军机大臣，因此其提案大多能获通过。

3-13

北京皇城正门天安门

1901年,一辆驴车拉着客人从皇城中走出,破败中依稀可见旧时的繁华。天安门城墙上十几处损毁的地方,为美军攻打时的大炮与流弹所致。太后与皇帝回到皇城后,曾经简要修复天安门,掩盖住了那些弹坑。

3-14

1902年的北京十三陵

北京一位挑着草担的农民,走过明帝国皇帝陵墓前的神道,神道旁两根神柱上布满了青苔。

3-15

驼队和破败的城门楼

远看楼顶屋漏朽败,如同这个即将倾覆的王朝。驼队也是20世纪初北京城的一景,现在已经看不到了。

刘坤一病逝，还剩一个张之洞

1900年八国联军侵华时，在明确李鸿章的态度后，刘坤一和张之洞与列强签约中立，以"东南互保"。这意味着，中央与地方关系发生重要变化，地方势力日益摆脱中央，成为相对独立的力量。这种力量的开端是曾国藩的湘军、李鸿章的淮军，更晚些时候，湖广总督张之洞也依靠洋务政绩立起清朝地方势力的第三个山头。正是他们撑起了晚清政局，也正是他们培育了颠覆王朝的武装力量。

由于湘军、淮军，以至于清王朝末期的北洋军，私家军队只效忠将领而不效忠国家，客观上加快了清朝的灭亡。

刘坤一是湘军系势力的继承人，先后任广西布政使、江西巡抚、两江总督，1875年9月，授两广总督，次年兼南洋通商大臣。1891年受命"帮办海军事务"，并任两江总督。随着湘军头面人物逐渐离世，刘坤一遂成众望所归的领袖。在庚子事变中，刘坤一俨然为诸侯长，领袖"东南互保"，竟囊括了东南甚至西南各省所有的督抚大员，连慈禧的亲信荣禄也站在刘坤一的一边。最后慈禧面对八国联军破城后的凄惨现实，不得不承认刘坤一等"互保"之举是"老成谋国之道"。

1902年9月10日，刘坤一逝于两江任上，终年73岁。临终前口授遗折，陈述了任封疆大吏40年深受朝廷大恩，至死愈怀依恋之情。就在前一年，他和张之洞连上三疏，请求变法，提出兴学育才、整顿朝政、兼采西法等主张，称"江楚三折"，多为清廷采纳，拉开了清末新政的序幕。

同李鸿章、刘坤一几近同等政治地位的张之洞却非地方武装起家，他出身清流，一生恪守士大夫的行为准则，不恋钱财，自信中国传统文化的主体性，提出"中学为体、西学为用"，务实地推行洋务自强，在湖北办实业、练新兵、开新学，使湖北精神物质方面均树起一杆大旗。史家冯天瑜先生对张之洞的评价是，经张之洞督鄂近20年的艰难经营，湖北由一个深居腹地、经济文化均处中等发达程度的省份，一跃而为晚清全国最重要的工业中心之一，某些门类（如钢铁工业、军火工业）在当时的东亚也占据领先地位。

而张之洞自己即成地方领袖，在李鸿章、刘坤一去世后，更是走上了人生和权力的最顶点，他使出了最后一点气力助推清末新政。但命运弄人，最后推翻了他誓死效忠的王朝的正是他训练出来的湖北新军。

"泄密者":清政府已是个空壳家族

1月,《纽约时报》用一篇长文评论了最能揭秘中国的书——在中国居住了35年的传教士明恩溥(Arthur Smith)的《动荡中的中国》。

明恩溥通过报纸和图书向西方世界前所未有地倾吐了公开的"秘密":清政府本想利用义和团清扫外国列强,却做了无用功。现在的他们更加愚昧无知,进入了"无政府"状态。

明恩溥的书"点燃了国际时事热点",他告诉人们,此刻的中国最需要一个双手不被束缚的本国战士,他可以为清政府做点事。

在英国《泰晤士报》记者莫理循看来,这个本国的战士就是袁世凯。毫无疑问,莫理循也算是另一个传播中国真相的"泄密者"。

1902年3月2日,莫理循在保定第一次见到袁世凯。1900年八国联军在天津建立的"天津都统衙门",把天津划分为八个区由各国分管。袁世凯刚接任直隶总督,就委派唐绍仪与列强交涉取消都统衙门,收回天津。莫理循称袁世凯"强壮、健美,充满了鼓舞人心的自信",是一位爱国的官员。袁对莫理循宣称,在各国协议的草案里,没有任何部分说明了天津的统治权应该交给外国人。面对这位年仅42岁的直隶总督、清廷中最年轻的高官,莫理循颇为折服。自此,二人开始了长达15年的交往,直至1916年袁世凯去世。彼时,恐怕连袁世凯自己也不会预料到,自己将是清王朝的主要掘墓人之一。

3-16
明恩溥,美国公理会来华传教士

1872年明恩溥(Arthur Henderson Smith),受美国公理会派遣来华,先后居住于天津、山东等地,兼任上海《字林西报》通讯员。1880年,明恩溥在山东省西北部的恩县庞庄建立传教工作。1905年辞去教职,留居通州写作。1926年返回美国。他在华生活54年,熟悉下层人民生活,热爱中国,是最早向美国总统老罗斯福建议退还中国庚子赔款的人。

3-17
北京三品满族官员的官轿

这顶官轿的前后都有一支顶杠支撑,以便于在两边的轿夫轮换。在晚清的官员规制中,对于官员所乘的交通工具有着严格的规定。清代规定皇帝出行一般要乘十六人抬的大轿,郡王亲王可乘八人抬的大轿,京官一、二品只能乘四人抬的中轿,外官总督、巡抚乘八人轿,司道以下教职以上乘四人轿,杂职乘马。据严苛的清代舆服制度规定,只有三品以上的官员出行方可坐绿呢大轿,三品以下则坐蓝呢轿。

3-18
福州一位正在修鞋的工人

他们身边一个小孩手提铜壶,为他们带来热茶。

3-19
广州两位官员的合影

右边的高阶官员戴着朝珠,身着朝服。左边的那位显然是位低阶官员。他们中间的茶几上摆着两杯清茶。值得注意的是,在他们厚重的朝靴中间,是一个高腰的痰盂。

3-20
结算账目

晚清摄影师赖阿芳拍摄的一幅关于中国商人与账房先生结算的照片。他的图片一律以摆拍来图解所有他认为可以展示的中国人的形象,他被认为是19世纪最重要的中国摄影师。

3-21
"中国医生"

1901年,一位奇特的中国老人出现在由北京寄往欧洲的一张名为"中国医生"的旧明信片上。这位老人的左手五指戴着长长的护甲套,右手执一杆长长的烟枪,这似乎表明这位老人不用从事体力劳动即可过上舒适的生活。照片上的老人并不是清国常见的男人形象,这也是这张奇特的照片被作为明信片的理由,它可以极大地满足欧洲人对于清国的想象。

3-22
清代的剃头匠

1901年福州街头的巡回理发师，在为两个男子清理头发。理发师很少有固定的场所，他们会挑着一个担子，一边放着桶状的炉子，里面燃着火，一边放着水和理发用具，以便为顾客净面理发。他们的工作似乎很有挑战性，只是刮去顾客头皮上少量的头发，然后再为男人编好一种特定的辫子。

3-23
在舰上做杂活的清国工人

1901年，被德国人聘用在运输舰"科隆"舰上做脏累杂活的清国工人，值班下岗后，在停靠的码头上用冷水洗澡。他们的长辫与长袄，早已成为这艘战舰上的另类风景。

3-24
上海一位风尘女子

她躺在一张传统的中国床几上，把自己引以为傲的三寸小脚，摆放在重要的位置上。有些传统中国士人认为，这是女人最性感的部分。

3-25
天津租界的高尔夫球运动

这张至今保存在美国南加州大学图书馆的图片上所展示的是天津的一处会所。三个少年肩上挎着高尔夫球袋，站在英国维多利亚时代的建筑前面，这些高尔夫球场内的球童，可能是中国最早接触高尔夫球的一批人。早期的天津报纸证明，早在1901年，在津的俄国侨民就组建了高尔夫球会，他们在俄租界建成了有9洞的高尔夫球场。球场主要对在津的外国人以及与外国人关系密切的华人开放，实行会员制。这是高尔夫进入中国最早的明确记载。这种据称源起于中国唐朝"步打球"的所谓高尔夫球，一度在天津被市民蔑称为"野球"。

3-26

鸦片吸食者

鸦片战争前后,英商对华鸦片走私令世界瞠目。《剑桥中国晚清史》称:"19世纪初叶,吸食鸦片的不过是富家子弟。后来上到官府缙绅,下至工商优隶以及妇女僧尼道士,都在吸食。1838年,御史官员奏报皇帝,在广东、福建,十人九瘾,帝国其他地区很快也吸食成风。学者包世臣估计,1820年时,以苏州一城而论,吸食鸦片者不下十数万人。该城成人大多为瘾君子。至1836年,每年输入清国的鸦片约1820吨。吸食鸦片在清国几成恶俗。至1906年,统计中国已有1350万吸食成瘾者。"

3-27
福州被连枷处刑的巫女

1901年,福州三名犯有巫术罪的妇女,被判处连枷重刑。她们三人的头被铁枷锁在一起,这在清国是对于重刑犯的惩处方式。这三个妇女据称利用巫术为人治疗而致人死亡。

3-28
上海两位戴重枷的犯人

清朝沿用隋唐以来笞、杖、徒、流、死的五刑制度,更增加了法外酷刑,如充军、发遣、迁徙、枷号、刺字及凌迟、枭首、戮尸。枷号兼有侮辱与体罚性质,附加于主刑之上,主要适用于犯奸、赌博、逃军、逃流和窃盗再犯等罪。囚犯将戴上重枷,在城门、衙门等公众聚集或来往之地示众,临近的墙壁上书写犯人作奸犯科之事项,供人唾弃与指摘。枷重者达30余斤,枷号时间由三五日至半年一年不等。囚犯被沉重的枷具压迫到坐地不起,甚至会因此毙命。

3-29
奉天监狱里的的犯人

一名罪犯跪在铁链上,他的手被用一种奇特的绳捆方式架在一根木棍上。周围的犯人们跪在地上,木然地看着摄影师的镜头。

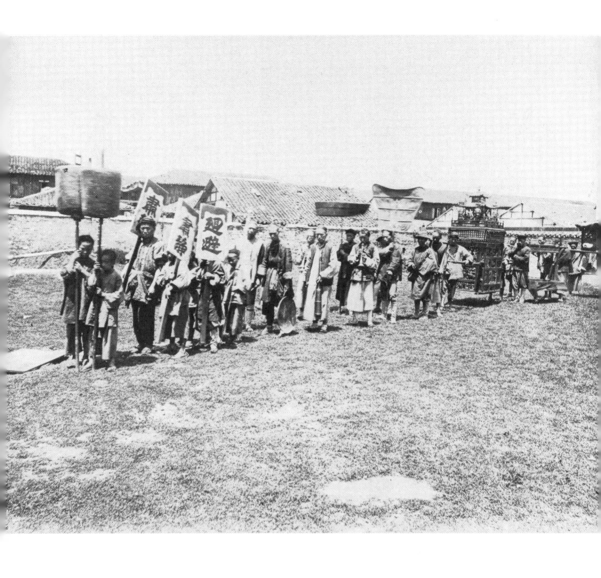

3-30
清末官员出行的仪仗

他坐在一顶轿子中,前面有数十人为他开路。侍从举的牌子上写着"肃静""回避"的字样,显示着官员的权威。不过在为他开路的队伍中,还有吹奏唢呐的乐手为他伴奏。摄影师威廉·桑德斯(William Saunders)在中国拍摄了一系列市井民俗题材的作品,此为其中具有代表性的一幅。这张略带违和感的照片反映的并不是真实的情况,其实是摄影师雇用模特,按照中国的传统、生活习性摆拍的照片,这种照片很受当时西方博物馆的喜爱,被当成真实的中国而加以收藏。

3-31
西安官员视察洋枪队训练

这位清国官员手持一把长杆烟枪，端坐在高高的桌面上。在他的左侧有两个吹号的号兵，半跪在地面的士兵手持火绳枪。在他的身后则有一队士兵手持土制排叉。这样杂洋混居的军队景象，仿佛穿着一套不合身衣服的人，显得那么不合时宜。

3-32
宁波一队卫安勇在进行训练

这支为应对太平天国运动，由库克（Col. Cooke）上校建立的类似西式警察的部队，配备了先进的西式装备。太平天国覆灭后，这些武装继续发挥保护地方的作用，甚至担负起保护洋商的任务。这队卫安勇于1906年转化成了宁波地方政府的警察人员。

3-33
英军在威海卫培训华人士兵

这些士兵的待遇略高于清国军队，他们大多是来自于山东各地的壮丁。英国首相索尔兹伯里令在香港的陆军上校鲍尔，从香港和上海的中国人中招募译员、号手和军士，还去威海卫征募士兵，组建中国雇佣军团。这些雇佣军按英军传统被称为"华勇营"，与他们的印度雇佣军在八国联军侵华事件中组成攻击天津的部队。

3-34
日俄瓜分中国的漫画

1901年4月6日，法国的 *Le Petit Journa* 杂志刊发了一幅日本、法国和俄罗斯关于清国利益分配的版画。在他们的桌面上，放着一块类似清国传统屋顶的蛋糕。日本在1895年的中日战争中令人惊讶地击败清国，趁势控制了台湾和朝鲜，打开了成为亚洲下一个帝国主义国家的道路。美国在1898年的美西战争中取得胜利，加入了真正的列强俱乐部，将古巴、波多黎各和菲律宾列入殖民地名单。俄罗斯向东转，1891年开始建立西伯利亚大铁路，将其亚洲领土与莫斯科紧密相连。随后，列强都把目光投向了这个即将朽坏的清国。

3-35
上海的一洞天茶园

茶馆位于今南京东路与福建中路交叉口的西南转角，茶馆里的演戏，常通宵达旦。茶客混杂，既有商人在此谈生意，也有白相人（花花公子）来此讲"经头"（吴语，类似如今八卦话题），星相术士也混迹其间。上海跑马场开业后，南京路上遂兴起众多茶馆，如鸿福楼、五福楼、一壶春等十多家。

3-36
北京城的有轨电车

1902年，马家堡火车站通往永定门的有轨电车再次通车。出于风水的考虑，北京的火车站被设在了离城两公里外的马家堡。为方便与北京内城的连通，在1897年建成马家堡车站后，他们又从德国西门子公司直接进口了当时最先进的有轨电车，兴建了"马永线"（马家堡至永定门）电车线路。刚建成不久，1900年，义和团又焚毁了它们。

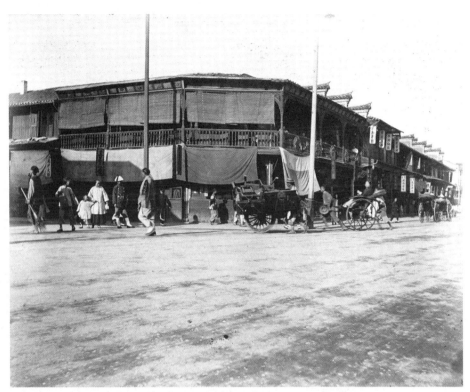

3-37
直隶总督时期的袁世凯

1902年,直隶总督袁世凯(中)视察京师大学堂译学馆,并与该馆监督朱启钤、管学大臣张百熙合影。译学馆前身是并入京师大学堂的同文馆,同文馆于1900年因庚子事变停办。1902年,清国下令恢复京师大学堂,并在北京北河沿购置房舍一所,设立京师大学堂译学馆,分甲、乙、丙、丁、戊五级,以学习英、俄、法、德、日外国语言文字为主。学习年限五年,除学习外国语外,兼习普通学,两年后兼习法律交涉专门学,学生毕业后均给出身。京师大学堂是北京大学的前身。

3-38
李鸿章幕府班底的合照

1902年8月八国联军交还天津城,袁世凯移驻后即为李鸿章在天津建立祠堂,并为之题联,其中有句为"一生低首拜汾阳,敢诩临淮壁垒",以李的后继者自居,并借此收拾李的幕府班底"宏揽人才",其中包括其后任直隶总督的杨士骧、创办巡警系统的赵秉钧等一众股肱人物。袁氏总是做出一副谦恭下士的姿态,谈话时"煦煦和易","人人皆如其意而去,故各方人才奔走于其门者如过江之鲫"。

3-39

清代升堂的照片

浙江的一所县衙法庭内，审判正在进行：法官手执惊堂木，怒目呵斥；书记员秉笔直书，一丝不苟；官差、控诉官位列两侧，看起来已具有现代法律审判程序之雏形。然而很遗憾这张照片是摆拍的。英国摄影师威廉·桑德斯于19世纪70年代在上海的摄影馆完成了这张奇怪照片的拍摄。县官后面的墙上挂着商人求财所用的关公年画，两边"春风大雅能容物，秋水文章不染尘"的对联，其实是邓石如书房的楹联，县官面前的那张简陋的桌子前的布上更是写着不明所以的"月光之大"。虽然中国人看到这张照片感觉违和感十足，但对桑德斯和西方社会来说，这些东方符号、中国元素是否真实，其实无关紧要。

3-40
北京小脚妇女的聚会

1902年,北京城几位妇女聚在一起,可能是一位富豪的妻妾们在四合院里合影。这位富豪有七个妻妾,还有十多个儿女。他的妻子们都束着小脚,住在一起,显然这是一个很有趣的故事。

3-41
在田间制作经纱

1902年,上海郊区一家手工纺织作坊的两名工人正在田间制作棉花经纱。这种落后的纺织产业正在被先进的纺织机器所替代。据当时的研究者称,上海郊区的"家庭纺纱大多消失,但是,起而代之的是使用洋纱的手工织布"。

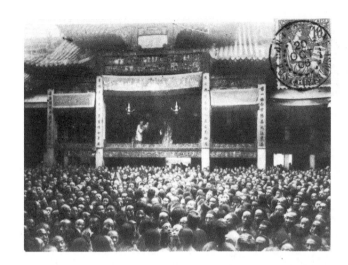

3-42
清末山西太原的大戏台

1902年,山西太原府的社戏场上,唱戏的拢不住看戏的目光。人群背后的照相机在百年前的中国显然是最新鲜的西洋景。

3-42	3-44
3-43	

3-43
清末的厦门鼓浪屿

1902年,厦门鼓浪屿滩头,两个撑伞的洋人正在海边行走。甲午战败后,清廷请列强"兼护厦门",鼓浪屿遂成为美、德等九国租界,这个弹丸小岛遂建起近千座洋房,其现代化程度能比肩上海外滩。

3-44
天津小站的新军训练

1902年,天津小站的北洋新军正在列队训练。小站地处天津咸水沽南约十公里,甲午清国战败后,袁世凯于1895年接替胡燏棻,奉旨在此督练"新建陆军"。他在原十营近五千人的"定武军"基础上,增募新兵两千余人,聘请了多位德国教官,一律采外国新式武器装备,并制定全新之营规营制、饷章、操典。清末欧洲诸列强在其印刷的中国地图上均标注这个叫小站的镇子,在此方圆52平方公里的地界内,袁世凯奠定其一生事业之基础,自此以后袁氏声名鹊起,扶摇直上。

3-45

威海卫的清人雇佣军

1902年，威海卫，英国第一军团中的清国雇佣军。两位街头表演者正在表演一种类似拽拉的武术。

3-46

雇佣军的装束

1902年，英国皇家第一军团士兵在威海卫的皇家海军食堂前的留影。这些年轻的清国士兵由英国皇家第一军团征召而来，他们大部分都缠着锡克教徒般的头巾，当然被剪掉了辫子。女王之家是英国皇家海军的食堂，它建于威海卫外的刘公岛上。这座大楼之前是清国北洋海军总长的办公室，建于1887年。

3-47

济南一间武馆的学员

显然这是一个家族式的武术团体，这种用于健身或者搏击的技术，在清国的传统中，其效果被夸大了。义和团的团员迷信大刀、拳头能与联军的火炮对抗，这为他们自己和国家带来了巨大的灾祸。

3-48
梁启超一家避居东京

1898年,戊戌变法失败,梁启超全家避居澳门,逃过灭门之灾。随后,梁启超随老师康有为亡命东瀛,开始长达十几年的流亡生涯。梁启超的第一任夫人李惠仙担当起家里的顶梁柱,梁启超也在东洋鸿雁传书,鼓励妻子坚强地活下去,并授以读书之法、解闷之言,万种浓情流露于笔端。有一封信这样写道:"……南海师来,得详闻家中近况,并闻卿慷慨从容,词声不变,绝无怨言,且有壮语,闻之喜慰敬服,斯真不愧为任公闺中良友矣。"二人后于日本重逢,一生相敬如宾,在李氏溘然长逝后,梁启超写下《祭梁夫人文》,寄托天人两隔的哀思。

3-49

三国公使伍廷芳

1902年，伍廷芳出任美、西、秘三国公使。曾任律师的伍为保清国权益，仅与美国谈判商约一项便磋商至30余次，辩论不下数十万言，舌敝唇焦，屡次决裂，实已辩至磋无可磋、磨无可磨之地。他卓越的外交才干和法律方面的真知灼见，曾博得同样出使过美国的胡适先生称赞："他在海外做外交官时，全靠他的古怪行为和古怪议论压倒了西洋人的气焰，引起了他们的好奇心，居然能使一个弱国的代表受到许多外人的敬重。"

3-50
世界上第一张北京全景图

这张北京全景图是拼接而成的。此图从南大门始，几乎囊括了紫禁城、四合院民居以及城墙等重要建筑，一时成为欧美诸国媒体报道北京这个城市的一张流行图片。

3-51
英军举行阅兵仪式

1902年,英军在香港九龙尖沙咀举行阅兵仪式。集结在九龙外海上的英国舰队鸣响礼炮。1860年3月,英军在此登陆并安营扎寨。英国驻广州领事巴夏礼仅用年租银五百两,就诱迫两广总督劳崇光签署《劳崇光与巴夏礼协定》,强租九龙(包括昂船洲)。

3-52
北京十三陵

1902年秋天，一位英国皇家海关的职员，坐在十三陵神道旁巨大的石头将军下面。这位石头将军在中国传说里叫作"翁仲"。传说他是秦始皇的大将阮翁仲，他身高力大，因攻击西部的匈奴而立下战功。他死后，人们就把守护庙宇、陵墓的石像、铜像统称为"翁仲"。在明朝长陵神功圣德碑亭往北的800余米的区域内，矗立着12对石兽和6对石人，守护着被清国消灭的明朝皇帝陵寝。

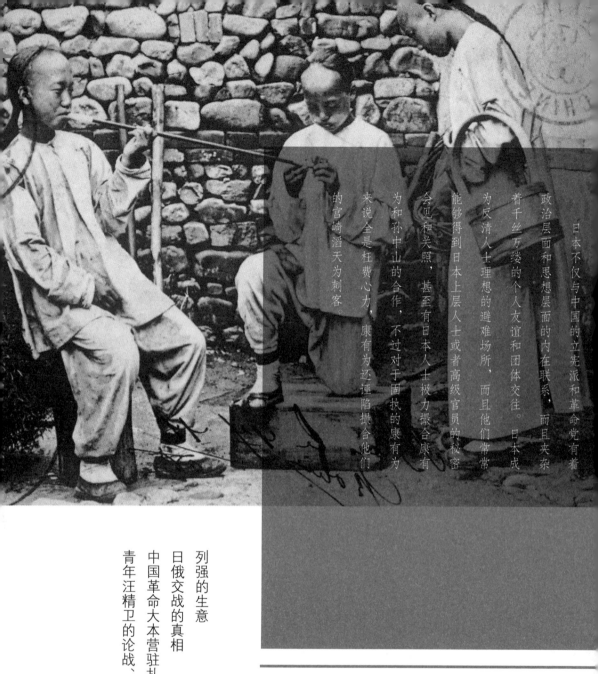

日本不仅与中国的立宪派和革命党有着政治层面和思想层面的内在联系，而且夹杂着千丝万缕的个人友谊和团体交往。日本成为反清人士理想的避难场所，而且他们常常能够得到日本上层人士或者高级官员的秘密会见和关照，甚至有日本人士极力撮合康有为和孙中山的合作，不过对于固执的康有为来说全是枉费心力，康有为还诬陷撮合他们的宫崎滔天为刺客。

列强的生意
日俄交战的真相
中国革命大本营驻扎在东京
青年汪精卫的论战、刺杀和爱情

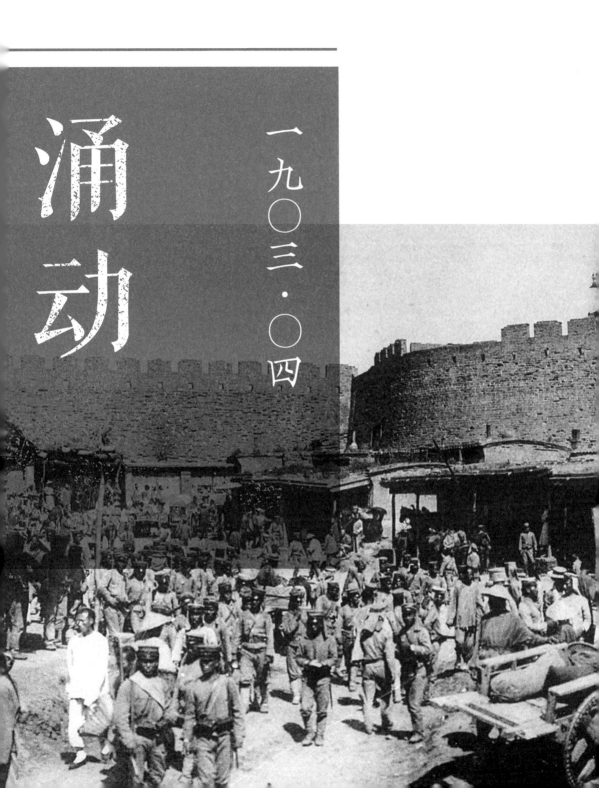

涌动

一九〇三·〇四

1905年,奉天城中熙熙攘攘的街道

沿街清国居民挂满了日本白底红日之国旗,日本军队已经接管了原本俄国人抢占的地盘。这场战争的最大输家,其实只有试图坐收渔利的清国。

列强的生意

建国仅有 100 多年历史的美国，在列强瓜分中国的狂潮中，一度走在了后面，于是它提出了"门户开放"政策，狡猾的利益均沾说法等于把自己提升到和其他列强平起平坐的地位，就好比他们之间约定了彼此平等地享用中国这桌美食。而《辛丑条约》之后，中国在国际上的屈辱地位更是难以动摇。

1903 年 1 月 4 日，《纽约时报》以"中国的商贸发展"为题解读大清国的新一年。中美贸易额已经有了很大的增长。从 1895 年到 1901 年，大清国从美国的进口额翻了四番，达 14,799,922 美元。即使如此，3 月的《纽约时报》还在猜测，此刻变革中的大清帝国正在历史与未来之间犹疑、妥协，但她不可能把自己的未来交在美国人或欧洲人手里，而会放在日本人手里。

大清国正致力于学习日本的革新范本，妄图争取到和邻居日本一样的地位。

3 月，美国报纸慨叹，毫无疑问，欧洲人开始变得热忱。意大利罗马和佛罗伦萨的大学都开始教授中文；法国则可能是西方汉学最早的发源地，巴黎和里昂的学校里的汉学研究者可最为活跃；奥地利的维也纳教育学院也开设了中文课程。

年初，西方学者呼吁关注大清帝国快速发展的机遇，随后中文学习与中国文化的传播似乎成了热潮。5 月，讲述中国陶瓷器皿制作故事的书登上报纸。6 月，"中国的明灯：中国哲学家老子"成为美国报纸的头版标题，老子的思想主张，及其与孔子哲学思想的对比成为西方媒体乐于分享的故事。老子是中国伟大的思想家，也是道教的源头。报道里甚至直接有了《道德经》的内容。

1903 年夏，《纽约时报》收到的一封读者来信呼吁关注中国："中国成千上万饥饿的人希望得到美国的支持和援助。"

英国人赫德提出重组中国计划

1904年夏,时任中国海关总税务司的英国人赫德提出了重组中国计划。《纽约时报》报道此事用了一种暧昧不明的腔调:这是"异常的""不详的""惊人的""非凡的"计划。

他呼吁增加军费,加强军队力量,特别是海军;他建议每年的税收应该有1000万用于建立新式学校和邮政系统。他的种种建议在英美媒体的描述中是"对中国及其大众有益的",却也是中国人认定"居心叵测"的。大清帝国重要的海关大权被一个著名的外国人把持,这无疑是一种"侮辱"和"损害"。

赫德注定是一个不被中国人喜欢的人。作为一个英国人服务于中国海关,人们看到他侵夺中国港口的引水权,扩大海关税务司对海关案件的审判权,把中国的邮政权控制在海关税务司手中,还有他难以磨灭的英国属性。

所以,即便他创建税收、统计、检疫等一整套严格的海关管理制度,为清廷开辟了一个稳定的、有保障的,并逐渐增长的新的税收来源,甚至可以说清除了旧式衙门中普遍存在的腐败现象,创建了中国的现代邮政系统——这些都不重要,始终记录在案的是他参与过签订《中法新约》《中英会议藏印条约》和《辛丑条约》。

同样在1904年,4月30日的《泰晤士报》上硕大的新闻标题是:中国将要斗争。

大清国驻法公使孙宝琦的讲话成了报道唯一的主题。这是他第一次代表政府出来宣告:中国不喜欢战争。

孙宝琦,浙江杭州人,从1902年起出使法兰西,就力主效法日本以图自强。他年轻时便有经世之志,1886年起,历任直隶道台、顺天府尹、驻外公使等职。然而,从公开的"中立"到"不喜欢",孙宝琦除了表达出一点"斗争"的意愿,实质上,对日本唯命是听的立场丝毫没有改变。

日俄交战的真相

清王朝是兴起于中国东北地区的少数民族政权，所以它的老家被王朝的统治皇族称为"龙兴之地"。不过当东亚地区的传统大国俄国遭遇新兴日本强国的挑战，两国把中国东北作为利益争夺的主战场时，清廷的统治者也没有力量阻止，只能一再地强调要恪守中立，"务请战后不要侵我主权"，其实他们自己也明白，无论谁战胜，"请神容易送神难"。

日俄之间的较量早已有之，实际上这更是国际局势的一个缩影，几乎所有帝国主义强国都涉身其间。中日甲午战争之后，日本不仅在朝鲜站稳了脚跟，而且要求中国割让辽东半岛，这无疑等同于夺走沙皇俄国嘴中的肥肉，后者正在力图使得中国东北之地成为"黄色俄国"。俄国立即出面干涉，日本做出了让步，中国用 3000 万两白银赎回辽东这块自己的领土。俄国此举赢得了中国当局的好感，更加坚定了李鸿章"联俄拒日"的决心。李鸿章在死前秘密与俄国缔结了密约，他满心欢喜地以为东北至少能够安定 20 年，事实是两年后就爆发了战争。

日本对于中国东北的觊觎没有改变，并且在 1902 年拉拢到了老牌帝国主义英国作为自己的盟友。美国也有支持日本的倾向，罗斯福总统认为中国软弱无能，日本是东方崛起力量的象征，也是"门户开放"政策的拥护者，这符合美国利益。俄国立即对英日联盟做出反应，一方面扩大了与法国的同盟关系，一方面在 1902 年 11 月至 1903 年 4 月期间举行了一系列会议，决定夺回自己在中国东北的影响。俄国于是直接向清廷表达自己的利益诉求，因为有日、英、美三国撑腰，清廷拒绝了。同时，俄日开始谈判，俄国保持居高临下的姿态，而日本也毫不示弱，要求自己有同等的机会和地位，以分割中国东北利益，谈判陷入僵局。

日本人已断定战争是不可避免的了。精于计划的日本人认真计算了俄日对垒的实力对比，做出的结论是，战争初期日本可以获胜。同时，日本做好了打几场胜仗后请美国出面调停的外交准备。1904 年 2 月 6 日，日本中断了与俄国的谈判，隔了一天便开始军事行动。2 月 10 日，俄国和日本互相宣战。战争把东北地区搅得天翻地覆，清王朝的子民们流离失所，苦不堪言。战场上的胜利者是新兴的日本。1905 年 9 月 5 日，俄日缔结和约。实际上，日本

4-1

19世纪的中国政治地图

这幅著名的中国地缘政治地图"远东时局图"作为漫画刊发于1903年的清国杂志《俄事警闻》（后改名《警钟日报》），作者是兴中会会员谢缵泰。图片中硕大的俄罗斯熊，踏足东三省；日本是有着太阳脑袋的小鬼，用丝线勾着台湾岛；英国在这里被描绘为一条狗，其爪子紧扣着华南；写着"德国野心"的圆形香肠围绕着山东半岛；法国是一只盘踞在越南的青蛙，其前爪伸向中国的西南地区；美国鹰则立足菲律宾，向着中国的方向飞来。漫画两侧的文字"一目了然"和"不言而喻"表明列强瓜分清国的意图已经十分明朗。

4-2

日俄战争宣传画

1905年，日本军方印制的浮世绘宣传品，描绘了日军第二军团占领普兰店并破坏过河铁桥的情景。

已代替俄国而成为占据东北的主要帝国主义者了。

这次战争给中国的侮辱,比甲午、辛丑更甚。这是日本和沙俄,为了争夺中国国土,在中国国土上打的一场仗。之前的鸦片战争,好比是一个外来陌生人闯进一间房子,房子是有主人的,这个陌生人要求主人分点好处给他,不管陌生人怎么穷凶极恶,还是在跟主人交涉,把房子的所有权当回事。而这次的日俄战争,则是两个陌生人闯入一间有主人的房子,主人就在现场,但两个陌生人根本不管,自己打了一架,来争夺这个房子的好处。

好消息是,此时的日本还没有足够的力量,虽然日俄都在中国东北地区掠获大量特权,日本还是在1905年把东北地区的行政管理权归还中国,这不仅直接促使清廷下定决心在东北结束特殊政治体制,建立行省制,并全部改换了主政官;又因为日俄战争的结果被普遍解读为"日本之胜利与俄国之失败,实乃立宪政体之胜利与君主政体之失败",还迫使清廷决心立宪。

自从19世纪60年代以来,中国在对外关系方面的境遇一直随着清朝的衰落而每况愈下。王朝短暂中兴晚期的"边防还是海防之争"也变得失去了意义,因为此时的清朝帝国边疆篱笆漏洞百出,国土之上都成了帝国主义的围猎场。

"边防还是海防之争"的两方均出自曾国藩门下,一位主张国家战略应侧重于边防,尤其注意俄国对新疆、蒙古、东北地区的侵占野心,主张者为左宗棠;另一位主张国家战略应侧重于海防,要建设现代化海军抵御外来侵略,主张者为李鸿章。两位同为封疆大吏,前者平定伊犁,将新疆地区纳入清王朝行省之列;后者建立北洋水师,树起海防屏障。

不幸的是,守土重臣左宗棠只活到1885年就去世了,纵横外交家李鸿章期望联俄拒日,在生命尽头与俄签订了著名的"中俄密约",可是那不过是俄国的一个大骗局,清朝得到的只是短暂的心理宽慰,而俄国才是实实在在的获益者。

严峻的事实是,不争气的帝国没有守住边防——俄帝国不断蚕食清朝边疆,辽阔的疆域竟被割去100多万平方公里;也没能守住海防——北洋水师几乎全军覆灭,王朝疆土被日本割去台湾、澎湖列岛。即使是帝国的核心之地,列强也以租借之名肆意瓜分。本土难守,更不用谈及周边属国,日本更是迫使朝鲜脱离中国。

4-3
反映日俄战争的漫画

1904年,日俄战争爆发,美国《冰球》杂志刊发了一幅漫画反映日俄战争的漫画。画中代表着俄罗斯的黑熊挥舞着一柄军刀,似乎在向列强进行宣战。而清国则坐在日、美、英等九国的后面,似乎是一个所谓的中立者。这张图表现了美国人对日俄战争的看法。

4-4
彼得罗巴甫洛夫斯克号沉没

这幅浮世绘式的海报,展示了1904年日本联合舰队的鱼雷艇偷袭驻旅顺口外锚地的俄太平洋舰队,俄旗舰彼得罗巴甫洛夫斯克号触雷沉没的情景。

4-5
反映日俄战争的浮世绘

这幅画描绘了日俄战争期间,日军一支侦察队在平壤七星门外与俄军激战的情形。

4-6
参加辽阳会战的日军

1904年8月24日，日俄辽阳会战开始。日军第一军团的13万多人，对俄军东部集团军实施两翼迂回，击退了22.5万俄军。惨胜的日军，在这次会战中，创造了一个少数包围多数的大胆战例。他们只用了九天时间，就将辽阳的俄军击垮。

4-7
占领汉城的日军检查证件

日军军官帽檐下的长发与他们腰间的军刀清晰可辨，这个曾经的清国属国，以新的主人的身份，发号施令。清国最干练的官员袁世凯在朝鲜监国数年，终于在甲午海战大败后，随军撤离。1910年，日本正式吞并朝鲜，并占领30余年。

4-8
辽宁营口的清军部队

清廷虽宣称"中立"，实则暗中支持日本，并为其提供情报，营口这支落后的清军甚至直接参与了军事行动，上海万国红十字会还秘筹款项以对日军进行抚恤。

4-9
俄军炮兵与电岩炮台

电岩炮台坐落在旅顺黄金山悬崖上，由清人所建。日俄战争时期，俄军在开战前，对这座炮台进行了大规模改造扩建，于炮台上面安装了这种口径254毫米的海岸炮5门，57毫米炮1门。炮台长约200米，宽约50米，在地下建有弹药库6间。安装了射程最远的探照灯，战争开始后，这些巨炮执行偷袭和"闭塞"旅顺口军港任务，对日本海军联合舰队构成了重大威胁。因为该炮台用当时的炮镜从海上观察很难发现，故而日军从海上发射了近千发炮弹，没有一发直接命中。战后，这座炮台被日本人称为"百发不中"炮台。

4-10
1905年的辽宁凤凰城

日俄战争后,清国官员与日军将士联合为送别日本司令官而合影。

4-11
1905年的大连旅顺港

经过日军将近一年的大围困,是年元旦,俄守军宣布投降,被俘人数达3.2万人。日军专为他们在旅顺设置了战俘营。俄军战俘似乎受到了以残忍闻名的日军难得的照顾,保证了这些失败者至少日有三餐。

4-12
1904年的辽宁盖平县城门

矮小的日军招募了大量的清国民众做义勇军和后勤。那些赶着大车跟随日军的清国国民,并不知道在自己的国土上展开的这场战争有何意义。

4-13

作战中的日军山炮部队

1905年,在旅顺口西的方家屯附近日军山炮中队正在向驻守旅顺的俄军要塞开炮。旅顺在20世纪初被各国认为是远东第一要塞。在1894年甲午战争期间,日军仅花费数天,以极小的代价攻克旅顺。然而在日俄战争期间,攻克旅顺的战役持续了5个月,是日俄战争期间持续时间最长的一次战役。

4-14
旅顺日军的洗澡盆

日俄战争期间,长期围困俄军的日本士兵,发明了一个在阵地上洗澡的土办法:把瓮埋在地下,用柴火烧热,然后把自己放到瓮里洗澡。

4-15
俄军官兵与日军战俘的合影
日俄战争虽日军惨胜,但俄军也俘获日军将近万人。

4-16
救治俄国伤兵的明信片
1905年,一张日本旧明信片讲述了一则俄国伤兵得到日军人道主义救治的故事,尽管事实上可能并不是如此。根据明信片上的描述,这一幕发生在朝鲜的济物浦(今韩国仁川港)。朝鲜人正在观看日本红十字医疗士兵扶着长有大胡子的俄国伤兵。

4-17
日本成为东北亚霸主
日本在令人惊讶地战胜了清国的海军后,又在东三省的土地上战胜了俄罗斯,确认了日本作为东北亚霸主的地位。日本种族主义的自负与对于败者的自信,在战争后不久刊登的一张单板木版画上展露无遗。这幅名为"日本权力的寓言"的漫画上,一个日本浪人身着短外罩大衣,脚上是白色布袜和木屐,蹬倒一个畏缩的清国男子和一个俄罗斯人。

Our soldiers conveying wounded Russian soldiers to Red Cross Hospital at Chemulpo.

159

入侵西藏的英军将佛堂改作食堂

英国在 1849 年征服印度之后，曾试图侵藏受阻，但把清廷的藩属国锡金、不丹和尼泊尔尽收囊中。

西藏在清国的版图中是相对独立的一片区域，即使晚清很多官员都意识到要迁移内地的汉人到边疆开垦土地，却唯独想不起来海拔数千米的高原藏区。所以，一旦西藏也被入侵，将成为清朝疆域全面危机最好的证明。

为了抢在俄国前面，英军已经迫不及待地要入侵西藏。英国派遣了两名锡金间谍奔赴藏地侦察，但被西藏本地官员抓获，官员们拒绝了英方尽快释放的要求，这成为英国入侵西藏的借口。英军 3000 人马在 1903 年 12 月向西藏进发，一路上高原反应、疾病和寒冷折磨着他们。首战在一个叫曲米新古的地方展开，英军首领荣赫鹏狡猾地提出谈判，并说藏军应将火枪点火绳熄灭，以示诚意。当藏军照办时，英军突然开火，藏军因点火绳熄灭无法还击，数分钟内被射杀 500 多人。

西藏的落后条件很难抵御拥有现代化装备的英军。在江孜保卫战中，藏军和民兵甚至只能用石块阻挡英军攻城，英军用了 37 个小时占领该城，他们不仅肆意抢夺寺庙的财物，竟然还将佛堂改作食堂，将转经筒钉上钉子改成食堂的食品输送带。

英军入侵一路上大大小小有十次主要战斗，之后西藏防线基本瓦解。1904 年 8 月 3 日，英军士兵进抵西藏首府拉萨的街头。西藏的宗教领袖十三世达赖提前逃离。

9 月 7 日，西藏掌握政教大权的摄政甘丹赤巴·洛桑坚赞，在英军高压和清廷驻藏大臣有泰的催促下，与英军签订了《拉萨条约》。条约将西藏约定为英国的势力范围。不过英国的"吃独食"行为备受各国议论，尤其俄国声称如果清廷批准，则会尽收库伦、新疆等地方事权。清廷拒绝承认《拉萨条约》，不过 1906 年同英国签订的《北京条约》依然确立了英国在西藏的各种特权。

中国革命大本营驻扎在东京

日本对于中国的意义,是他们一边加紧同化清廷,一边培养革命派,至少不反对革命者在日本从事反抗清廷的行动。日本不仅与中国的立宪派和革命党有着政治层面和思想层面的内在联系,而且夹杂着千丝万缕的个人友谊和团体交往。

经济贸易的进一步发展,中日关系的融合,似乎都是在为革命的发生埋下伏笔,但日本依旧能引发中国高涨的民族主义。美国报纸那篇著名的《中国长年睡梦似乎将醒》的长文报道:在一些问题上,中日唇齿相依。学习日本的中国,也是日本觊觎利益的对象;日本给了中国革命以曙光,也挑起中国人日益增强的民族思想和反列强情绪。

4-18
被移民局扣留的孙中山

清国在美国通缉孙中山与其他革命党人,孙在亲友劝说下,于1904年3月14日申领"夏威夷出生证明书"。在申请表中显示他是1870年11月24日出生于夏威夷欧胡岛。孙中山自此不仅能自由出入美国,还获得了美国公民身份。但在1904年4月7日,当孙从夏威夷乘"高丽轮"在旧金山上岸时,却被美国移民局扣押,囚禁在码头的一间小木屋中多日,并被判决原船送回夏威夷——此系清国驻美使馆所为。

1905年2月,来自伦敦的《每日电讯报》消息称,日本正准备在战后致力于成为北京最主要的"顾问"。

1905年清廷废科举,出国留学生数量急剧增加,1906年留学日本的中国学生约6000人。日本的社会思潮在影响留学生的同时,也影响着中国的现代化,一个明显的例证是中国社会代表进步思想的诸多词汇都来源于日本。

日本成为反清人士理想的避难场所,而且他们常常能够得到日本上层人士或者高级官员的秘密会见和关照,甚至有日本人士极力撮合康有为和孙中山的合作,不过对于固执的康有为来说全是枉费心力,康有为还诬陷撮合他们的宫崎滔天为刺客。

日本人宫崎滔天毕生支持中国革命事业,被孙中山称为"侠客"。宫崎滔天把自己的家经营成了"中国革命人士驻日驿站",他不断地结交中国革命党人士,还向他们互相引荐。他还常常作为孙中山的助手,把自己的一生和中国革命紧紧地联系起来。经过他的介绍,1905年7月,孙中山拜访了另一位中国革命家黄兴。

黄兴是一个革命实干家,因其在国内组织华兴会、运动新军,打算趁着慈禧太后生日时,把在统治集团的高级官员们一窝端全炸死,继而起义。可惜计划泄漏,黄兴被清廷缉捕,只好逃亡日本。

在此之前,孙中山和黄兴彼此仰慕但素未谋面,自此之后,他们两人被人并称"孙黄"。两人相见,黄兴高兴得半天说不出话。不过愉悦的第一次会面很快变成充满火药味的争吵,两人纵论革命道路,彼此争论到拍桌子瞪眼睛,末了,黄兴笑说:"孙先生,我服你了。"

孙中山、黄兴走到一起,极大促成了革命团体的大联合。1905年8月20日,中国同盟会成立大会,会址选在东京赤坂区日本友人阪本金弥的住宅内,到会者超过300人。会上,黄兴提议:"公推孙中山先生为本会总理,不必经选举手续。"孙中山作为革命第一领袖,众望所归。

在同盟会机关刊物《民报》第一期上,孙中山亲自撰写发刊词,第一次公开地、系统地阐述了"三民主义",这是革命派一面充满力量的思想理论旗帜。

青年汪精卫的论战、刺杀和爱情

立宪派和革命派都以日本为据点。同盟会成立后,创办了自己的言论机关报《民报》。

立宪与革命之不同主要在于:前者是改良,保留皇权象征,实行君主立宪政体;后者是暴力,推翻旧王朝,彻底舍弃皇权统治,实行共和政体。实际上,他们都对清廷现状有着强烈的不满,梁启超虽然妙笔生花,但是革命思想已经在留学生青年中熏染已久,大家都看不清楚暴力会带来什么后果。

双方针锋相对,笔战不休。立宪派一方梁启超一人独当一面,同盟会汪精卫、胡汉民、朱执信、汪旭初等轮番叫阵。值得一提的是青年才俊汪精卫。祖

4-19

在加州鹰岩训练的"保皇会"士兵

1904年11月,加州鹰岩,一位叫作荷马·李的美国人正在指挥康有为、梁启超所成立的"保救大清光绪皇帝会"的"维新军"士兵进行野外训练。他因支持康、梁的保皇活动,被"保皇会"总会长康有为封为"大将军"。这位大将军奉命成立了一家民间性质的"西方军事学校"。

籍广东的汪精卫是公费留日学生,年仅22岁的他跟随孙中山的革命事业,成为同盟会成立时的骨干,任评议部部长。在论战时,用笔名"精卫",取"精卫填海"的典故,其文章逻辑严密,笔锋锐利,颇有影响。

东南亚富商之女陈璧君这时候常看汪精卫的文章,在汪精卫随孙中山去东南亚进行革命活动时结识了他。再后来,陈璧君毅然逃婚来到日本,到《民报》编辑部帮忙,和汪精卫在一起工作。而编辑部里的穷人们,顿时多了一棵摇钱树,能够常去高级饭店聚餐畅谈。陈璧君日益倾心于有才有貌的汪精卫。

革命派逐渐在论战中占了上风,可是到1908年岁末时,国内的六次革命武装起义相继失败,革命行进到艰难时刻。梁启超在《新民丛报》趁机大肆宣扬革命党领袖都不过是"徒骗人于死,己则安享高楼华屋,不过'远距离革命家'而已",不久舆论矛头指向孙中山。同盟会内也出现分裂,革命再入低谷。

这时候孙中山的坚定追随者汪精卫站了出来,毅然要回国刺杀清廷高官,用自己的生命来证明革命党的领袖都是好样的。1910年3月,汪精卫秘密回国,精心准备后,与喻培伦、黄复生决定刺杀摄政王载沣,不过,一个可盛四五十磅炸药的"铁西瓜"(炸弹壳)被人意外发现,结果是刺杀不成,几个人都被抓进了监狱。汪精卫料定必死无疑,慷慨书写千言"供词",历数清廷罪恶,并预告清廷必亡。

如果热血青年此时就义,他的历史形象一定会是另外的模样。革命同志积极营救汪精卫,最用力者乃陈璧君。相隔牢墙内外,陈璧君真情表白,言及虽然不能在形式上举行婚礼,唯愿在心中宣誓为夫妇,汪精卫磕破手指,用血回复"诺"。汪精卫最终因清廷大赦政治犯而出狱,他的事迹早已为海内外义士所心折。

4-20
上海外滩的新海关大楼

这座1893年建成的西方教堂式关署大楼,由英国人设计,泥瓦匠出身的浦东人杨斯盛工程师承包建造。海关大楼外部建筑和内部设备考究,有转栏、石狮、钟楼、避雷针、暖气和宽敞的报关大厅。杨斯盛因此一战成名,19世纪下半叶上海市有多栋高层房屋皆由他总承建。但这座海关大楼仅存35年,即被拆除重建。

4-21

天津老龙头铁桥竣工

1904年1月9日,天津法租界与老龙头火车站间的老龙头铁桥竣工。一艘载满棉包的货船从桥下驶过。这座桥设有四孔,采用可变高度的连续钢桁架,中间设有两孔,桥宽8.4米。在这座当时最先进的平移开启式跨桥上,天津蓝牌有轨电车横穿而过。这座花费了25万法郎,仅为了法租界与火车站间的交通而建的铁桥,曾被当时驻天津的外国人称为"国际桥",它是袁世凯的新政府与天津法租界合作的象征。1927年,这座铁桥显然无法再负担天津的繁华,故在这座桥的附近兴建了一座留存至今的"万国桥",旧铁桥随即被拆除。

4-22

澳门残存的大三巴牌坊

大三巴牌坊是澳门最具代表性的名胜古迹,为1637年竣工的圣保禄大教堂的前壁。教堂于1835年遭大火焚毁,仅遗教堂前的68级石阶及花岗石建成的前壁。这张摄于1904年的照片中男子头戴岭南竹编遮阳帽,站在阳光下的台阶上。

4-23

重建后的圣约瑟教堂

北京圣约瑟天主教堂在被毁四年后,由法国人和爱尔兰人用庚款于1904年重建。重建后的东堂完全恢复了义和团运动之前的形制与规模,至今仍然矗立在王府井大街上。1900年6月13日,义和团团民将其烧毁,在堂内避难的一批天主教民也被烧死。

4-24

九江十里铺桥

在通往庐山路上,有一座线条优美的半圆形拱桥,它的曼妙身姿成为西方明信片里的常客。

4-25

天津法租界的拉洋车脚夫

法租界是天津租界中大型公共建筑最为聚集的地方，与英租界毗邻，著名的劝业场、西开教堂等均坐落于此。因位于天津紫竹林附近，亦有"紫竹林租界"之称。法租界在天津自1861年起共存在了80余年。

4-26

江苏镇江的一座佛教山寺

僧人们第一次面对镜头，似乎有点手足无措。

4-27
外交人员阅读《大公报》

这份报纸于1902年6月17日，由信奉天主教的满族立宪党人英华在天津创办。该报以敢言著称，创刊时即发文要求慈禧太后归政，一时引发轰动。驻华外国人士大多读《大公报》，借以了解时事民生。

4-28
京汉铁路上的一个小站

一列客车进入站台后，做生意的小贩将各种吃喝用品，甚至将馄饨小炉也摆到了客车的边上。这种景象直到20世纪末还存在。

4-29
杭州近郊农村的妇女儿童

照片中的一位女性衣服下放着一种取暖用的竹火笼。这种竹火笼类似现代的热水袋，在笼中放入陶盆，盆里加入木炭，然后把竹笼放在宽大的衣服里，就可以抵御南方的严寒。

4-30
清国少年吸烟的明信片

1903年，一张寄自大清国都城北京的明信片上，一位少年在极具仪式感地吸着长烟。一位半跪着的少年正在帮坐者摁烟草，另一位则聚神凝视。明信片上写着四个汉字：初练吸烟。远居北京城的洋人们在通信的时候，喜好把他们看到的清国奇异的一面，比如刑场杀人、戏台或者穿着奇异服装的官僚，包括这种少年擎长烟袋吸烟的行为，作为对这个国家认识的一部分，制作成明信片寄回国内。尽管这可能有着一种炫耀或者猎奇的成分，但事实上，在清国，这种沉醉麻木的状态，以及允许少年吸烟的行为，则更像是晚清走向不可救药的麻木堕落的仪式。

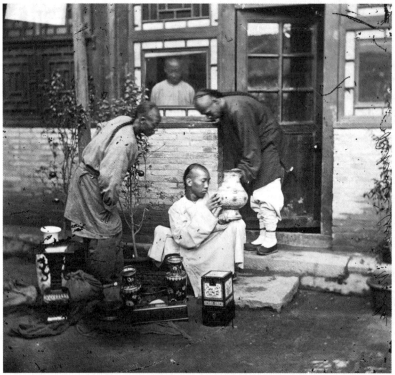

4-31
1903年,北京的修脚师

这些修脚师不单可以提供剪脚指甲等简单的服务,同时还会挑鸡眼,是流动的脚医。这张照片画面生动有趣,把修脚师的认真、顾客的信任表现得淋漓尽致,尤其是从破败的门窗上伸出头的老者,口含大烟袋,平静地欣赏修脚师的技艺,为整幅照片增添了一丝趣味。

4-32
北京的古董商

1903年,北京街头一位古董商正在街头赏玩一只景泰蓝瓶子。他身前摊开的布上,放着几只他收来的古物。战乱并不能阻止古董商对于古玩的热情。

4-33
清末北京的运水工

两位运水工推着一辆运水车,沿街送水。这种古老的职业在没有自来水的时代,一直都是重要的存在。

4-34
北京一位值夜更夫

打更在中国是一门古老的职业。更夫每天夜里敲竹梆子或锣，告知人们现在是什么时间，也提醒人们防火、防盗。这位姓王的旗人身穿破羊皮袄，手持竹梆，张大嘴巴，估计在喊：关好门窗，小心火烛！

4-35
上海街头卖花木的小贩

这张照片被制作成上海风情主题的明信片，寄给了美国明尼苏达州的詹姆斯小姐。

4-36
关在木笼子里的犯人

木笼子外写着这名犯人的罪状。这是一种体罚兼羞辱的刑罚。

4-37

北京灯市口公理会教堂

教堂旁边就是著名的贝满女中，这座北京最早的西式女校，系创办人贝满夫人为纪念其亡夫、公理会传教士裨治文（E. G. Bridgman，即贝满），于1864年出资在灯市口大鹁鸪胡同14号，建成的一座主要接收穷人家的女孩和街头乞讨女童的规模较小的"贝满女塾"。贝满夫人退休后，由美国公理会接手经办，博美瑞（M. H. Porter）任校长，1895年，该校开设四年制女子中学，定名为"裨治文中学"，当时招收72名女中学生，第一届学生1899年毕业。义和团时期校舍被焚毁，1/3的学生被杀，其余学生逃入英国驻华公使馆，后来又集中到一处临时房舍上课多月。1901年，博美瑞返回北京，历经三年，重新建成一座曲尺形教学楼及辅助设施，校门直通灯市口大街。

4-38
正在祷告的中国人家
据图下方法语说明可知,拍摄地点是在西贡(今越南胡志明市)。影室中有《圣教序》集字联"若以空花观我相,早知明月是前身"相配,颇为有趣。1859年前,越南曾为中国藩属国,有大量中国移民居住,后成为法属殖民地。

4-39
天津行礼的儿童
一个束着小辫子的清国孩子,举手敬礼。他在模仿附近正在训练的租界士兵。

4-40

纽约街头华人游行

1903年,纽约街头华人用中国传统的舞龙来庆祝美国独立日。骑马游行的男子头戴一顶明朝官帽,似乎与清国有着遥远的抗拒和陌生感。1776年7月4日,大陆会议在费城正式通过《独立宣言》,标志着美利坚合众国的诞生。独立日游行活动深刻展示了根植于美国的政治自由,而舞龙文化也随着移居世界各地的华人华侨传播开来。

4-41
清末的一张全家福

高大的妻子拥有一双引人注目的小脚,她站在中间。比她个子矮小的先生则站在另外一边,而他们的女儿似乎没有像母亲一样,去缠一双畸形的小脚。1902年2月初,慈禧太后颁布劝戒缠足的懿旨:"汉人妇女,率多缠足,由来已久,有伤造物之和。务当婉切劝导,以期渐除积习。"由于清廷的公开提倡,晚清社会的"不缠足"运动蓬勃发展,这才使得那些饱受缠足戕害的女性同胞得以解放。

4-42
华人女孩在摄影馆拍照

1904年,两位华人女孩在美国密苏里州圣路易斯市的摄影馆拍下了这张照片。照片上的姐姐梳着一条长长的假辫子,这条辫子上半部分是黑色的,下半部分则续接了金色的头发。她们按父亲的吩咐,打着一柄花伞。她们并没有缠足,只是踩着一双满族妇女常穿的"朝天蹬"鞋。圣路易斯市的华人有近万人,他们有着自己的社会与传统,身在美国却仍然生活在"遥远的清国"里。

4-43

清末色拉油进入中国

这幅"顶好"的色拉油广告中,这位模特健康、逗趣,夸张地做出手中这碗米饭很香的样子,图片的左上角是一位姓高的经理敬告要记住这个牌子的祝词。在当时的中国,洋风渐进,洋人的营销手法也被引进。而这个华人为主角的色拉油广告,也被好奇的洋人制作成明信片,寄给了自己的朋友。

4-44
"洋儒生"骆檄访问济南

1903年4月,应山东巡抚周馥之邀,英辖威海卫租借地行政长官骆檄(James Stewart Lockhart)首访济南,山东巡抚周馥与骆克及其随员在巡抚衙门的合影。骆檄在济南享受到了前所未有的13响礼炮、1500名士兵列队致礼、山东巡抚亲自迎接并派专门卫队保护遍游济南名胜的礼遇,这在英军历史上前所未有。骆檄通晓中国语言,是有名的中国通,号称"洋儒生",他"笃信"孔孟学说,喜欢搜集中国绘画、钱币和工艺品,先后编著有《从远古到1895年的远东通货》等书。这个洋儒生与历任山东巡抚互动良好,他在山东赢得了巨大的"面子"。

4-45
新闻记者沈荩被杀

沈荩原为自立军起义领袖之一，兵败后入京。因在天津英文版《新闻报》发文揭露了慈禧太后欲与沙俄缔结《中俄密约》的卖国条文，使得签约计划成为泡影，此举激怒慈禧，并为沈荩惹来杀身之祸。沈荩被刑部残酷地执行杖刑，打至200余下，已血肉横飞，骨裂如粉，犹未至死，最后被用绳子勒死。英国记者莫理循为了表达对沈荩的尊重，在沈荩送他的照片背面写上手写英文"沈克诚（沈荩原名克诚），杖毙，1903年7月31日，星期五"，以纪念清国新闻史上第一位为理想而献身的新闻人。

4-46
孔子76代嫡孙孔令贻公爵

他一生两次参与复辟，是生活在新时代的旧人。1915年，袁世凯图谋复辟帝制，孔令贻积极参与筹安会活动。1917年，溥仪复辟，孔令贻发电致贺。

4-47

骆檄拜访孔庙

1903年,英国驻威海卫专员骆克拜会孔庙时赠送的横匾。"不亦乐乎"四个字出自《论语》。

4-48

上海警察检查入城的民众

1904年,在上海破旧的民居房屋包围的城门前,一队着黑衣的警察,在检查经过城门的民众。他们平顶帽下的长辫,仍然显示着清国的存在。

4-49
香港的六位华人警察

他们头戴清国传统盔帽，不过辫子在加入警队时就被剪去了。1844年5月1日，香港即成立殖民地警察队，通过首条警察法例，授予警务人员执行任务的权力。首家差馆（即现今的警署）为大馆，初始警员皆为外籍。1862年，警察队从本地招募华人警员。至1903年，香港的华人警员已占40%之多，是亚洲仅次于马来西亚的历史最长的警队。

4-50
日本驻台官员乘轿下乡巡察

1895年，据《马关条约》，日本派军前来接收台湾，台民气愤不已，誓不事倭，各地纷纷组建义军进行抵抗，原驻台湾总兵黑旗军名将刘永福留守台南指挥全局。5月间，日军登陆基隆，十天后即占领台北城，并以为几日便可攻陷全岛，不料大军南下不断遭受义军阻击，行至嘉义，日军被迫停止军事行动以便从本土增兵，至10月始占领台南。日军前后花了半年的时间才攻下全台，台民反抗之激烈可见一斑。这张照片拍摄于1903年，从中可以看出日人的作威作福和台湾人民所受的苦难。

4-51

上海租界里的混合法庭

主审官是清廷官员,但旁听监判的却是租界内各方势力的代表。这种混合法庭最早建立于1869年,上海道同英国、美国驻上海领事订立《洋泾浜设官会审章程》十条,经修改于同治八年三月初九(1869年4月20日)公布生效,总理衙门和公使团核准实施,会审公廨正式成立,俗称"新衙门"。

4-52

晚清的两江总督府

1903年8月18日,两江总督魏光焘遍邀驻南京各军政大员及外国洋务人员,举办万寿节之午宴,后在总督府西花园石舫上留影。照片中诸官员,均应例着花衣,以庆清国皇帝万寿贺期。魏光焘在3月张之洞调往学部后,继任两江总督。这个职位是清国九位最高级的封疆大臣之一,总管江苏(含今上海市)、安徽和江西三省的军民政务,官秩从一品。九年后的1912年,孙中山在这里宣誓就职,总督府改为大总统府。

4-53

晚年的张之洞

1903年5月14日,身为两江总督的张之洞奉旨进京,行至保定府与英军高官合影。照片中的张之洞(前左四)已着夏装,头戴白色凉帽,红缨子垂在肩后,一把美髯飘逸胸前。莫理循在1895年出版的《一个澳大利亚人在中国》一书中,称其"虽然是中国所有总督巡抚中排外情绪最强烈的一个,然而在大清帝国中却找不到一个人像他那样雇用了那样多的外国人……他把任官期间所得的大笔收入用于开发利用他管辖地区的资源……张总督花钱如流水,他或许是中国唯一离任时一贫如洗的大臣"。

4-54
福州旅港同乡会成员与来访洋商合影

福州商人早在香港开埠时即在港经商落户,这种同乡会大多推举商户中德高者居首,创立初期,主要是敦亲睦谊,或调解同乡之间的纠纷等。

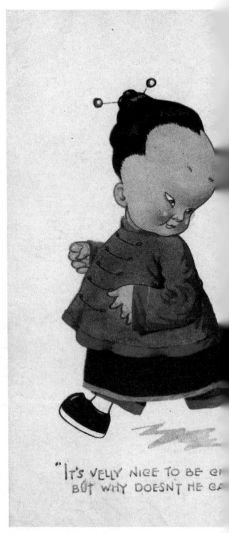

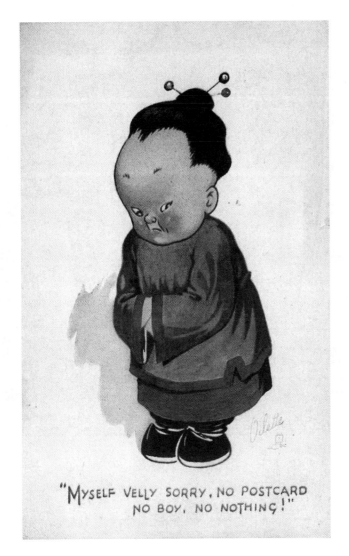

"MYSELF VELLY SORRY, NO POSTCARD NO BOY, NO NOTHING!"

4-55
绘有清国孩子的明信片

这是1903年英国人绘制的关于清国儿童的明信片。第一张明信片上的小男孩着一套满族服装，他的小嘴红润，双手背在身后，头挽一个可爱的发髻。神情生动，有着一点点的小骄傲。第二张描述的是小男孩被影子追赶的情景。而第三张图片上则是一个受尽委屈的小男孩。他的双手拢在袖里，神情落寞。驻清国的各国西洋人士，对于这里的一切都充满着好奇，当然，除了极少数的人可以拍摄照片，寄到遥远的故乡外，更多的则是绘制各种对于清国事物的猎奇的明信片，比如当街砍头、长辫、裹小脚，但这样充满生机、不带歧视的儿童明信片则极为罕见。

4-56
庄士敦在曲阜

1904年8月，庄士敦与登州府知府罗忠铭护送英王爱德华七世肖像到曲阜。这幅肖像装在带有雕刻花纹的精美的镀金框架中，外面是一个带有皇家字母组合图案和雕刻花纹的精美匣子。在庄士敦到达后的第二天，爱德华七世的照片便在一大群人的护卫下，行进在这座城市的街道上。次日，衍圣公邀请庄士敦共进晚宴，这种款待甚为少见。孔府的厨师都是有名的厨艺高手，席上有"燕窝鱼翅和各种丰富的酒类"，客人非常喜欢这次精美的晚宴。庄则于1919年进入紫禁城教授溥仪英语、数学、世界史、地理，曾获封"一品顶戴""毓庆宫行走"，成为"帝师"。

4-57
上海寄往英国的圣诞卡

这张圣诞卡的顶端是爱德华七世和亚历山德拉王后的画像。当然,制作者们同样把威海卫、上海的外滩、南京的石象以及皇家海军的舰只等集中在了这张图片上,显示清国与英军占领者的风情。奇妙的是,在这张卡片的下面,还印了一行清国人的吉利话"恭喜发财"。

1905年,到了清末新政的第五个年头,成果有哪些?清廷内部不断裁撤旧机构,但是同时又有新的机构产生。统治集团内部的权力再分配引起不断的党争,到新官制改革时达到顶峰,极大内耗掉了改革的士气和元气。新政策执行颇多掣肘,难以落到实处。1905年7月的上谕也承认,实施新政"数年以来,规模虽俱,而实效未彰"。

『戊戌变法』升级版施行第五年
沿用1300多年的科举制寿终正寝
大清国女性的解放从脚开始
丁未政潮中的『PS』大案

激变

一九〇五·〇六·〇七

1908年，南京，一处曾经可以改变这个国家贫民命运的科举考场遗址

科举或者说公务员考试制度的建立是为了选拔本地的人才为帝国的官僚体系服务。理论上讲，任何符合条件的男性都可以参加县、省和国家级别的考试，然后成为政府的公务员。但实际上，备考时的巨大开销让参加考试的候选人局限于当地的名流精英。这些艰难的考试要经历很多天。1905年皇帝废除了科举考试。在科举考试中，雄心勃勃的考生们需要在小格子间中小心翼翼地写法度森严的"八股文"，这些千篇一律的文章，是他们可能高中之后的财富和荣誉。

"戊戌变法"升级版施行第五年

被八国联军赶出紫禁城的慈禧在西逃路上,让光绪下《罪己诏》,先把黑锅背起来。

这份《罪己诏》没有停留在皇族自我检讨罪过的表面,它指出王朝的高级官员应该立即行动起来,参酌中西政要,无论是朝章国故、吏治民生,还是学校科举、军政财政,该如何拿来借鉴要各抒己见,尽快实行变法。这几乎是"戊戌变法"中《明定国是诏》的升级版。

清廷下令成立了以庆亲王奕劻为首的"督办政务处",作为筹划推行新政的专门机构,任李鸿章、荣禄、昆冈、王文韶、鹿传霖为督办政务大臣,刘坤一、张之洞(后又增加袁世凯)为参与政务大臣,总揽一切新政事宜。为响应上谕,两江总督刘坤一、湖广总督张之洞拟定《江楚会奏变法三折》,拉开了绵延晚清最后十年的最主要的一场新政的帷幕。

《江楚会奏变法三折》主张稳健改革,第一折强调培养人才,建立新式学校,改革科举制度;第二折提议停止捐纳实官,裁撤屯卫、绿营等;第三折主张官员出国考察,编练新军,制定有关矿业、商业、铁路的法律和货币制度,翻译外国书籍等。1901年到1905年,清政府连续颁布了一系列新政上谕,基本以《三折》为蓝本。

1905年,到了清末新政的第五个年头,成果有哪些?清廷内部不断裁撤旧机构,但是同时又有新的机构产生。统治集团内部的权力再分配引起不断的党争,到新官制改革时达到顶峰,极大地耗掉了改革的士气和元气。新政策执行颇多掣肘,难以落到实处。1905年7月的上谕也承认,实施新政"数年以来,规模虽俱,而实效未彰"。

清末新政中的最大成果是兴新学和鼓励商业。这在客观上使得清王朝也搭上了走向现代化的国际班车。私人资本给社会注入了活力,培养了资本家群体,新学哺育了具有新时代精神的年轻人，古老的王朝被注入了新鲜的气息。

深度的改革映射到社会上，则充满了五彩斑斓的细节。满汉可以通婚，穿着宽阔大短裤的警察接管京城巡防，京津街头还安上了电灯，令人听之就毛发悚立的清末酷刑被废止，高级官员能够享受到洋人按摩和会所式的服务，习惯了跪拜的王朝也有了时髦的握手礼，就连慈禧太后也开始在她宽阔豪华的后宫里举行西式宴会，宴请驻华使节夫人们。

5-1
知县刘焕光在祠堂默思静拜

在清国的传统中，家族祠堂是存放一个姓氏血脉的光荣与渊源的地方。刘在光绪二十四年参加科举，登进士三甲第74名。同年五月着交吏部掣签分发各省，以知县即用。刘上任在即，先回福州家乡祭祖。

沿用 1300 多年的科举制寿终正寝

统治者认识到了自己的王朝已经是强弩之末、风雨飘摇，迫切地一口气推出了很多新政策，这期间有一项措施如果放在更为宽广的历史视野里去查看，重要性并不亚于其后结束清王朝开启民国的辛亥革命，而且几乎应该与著名的"五四运动"并称为 20 世纪初中华大地上具有划时代意义的文化事件，那就是废科举。

科举创自隋代，至此已历千年，其镶嵌于中国文化之深，就如同它所坚持的孔孟之道被国人信奉之深一样。科举制度是中国古代社会所能想到的最好的人才选拔制度，至于颇为后人诟病的八股考试则主要是指其过分局限的考试内容。

清末新政一开始就有"举新学"一项，与科举相容于一个屋檐下大约五年，在内容上、制度上彼此相斥，由于科举出身者可成为官员，对于推行新学是很大的阻碍，统治者遂决定下狠心舍弃科举制。

1905 年 9 月 2 日，朝廷诏准袁世凯、张之洞奏请停止科举，兴办学堂的折子，下令"立停科举以广学校"，使在中国历史上延续了 1300 多年的科举制度被最终废除，学校教育与科举取士实现了彻底的脱钩。

废科举让无数的举人、秀才失去了未来，他们再也不能够通过考试进入拿国家薪俸的官员队列里去，这等于砸了读书人的饭碗，从此他们只能纷纷投身于动荡社会的三教九流中，事实上他们中很多人成了革命人士。废科举等于重组了社会结构，对晚清政局有重要影响。

伴随废科举，清朝统治者设立了全国学堂事务的管理机构——学部，在各地筹办新学堂，使得新学教育铺展开来。另外，在已经向外派遣留学生的基础上，再督促各省筹集经费选派学生出洋学习，对自备旅费出洋留学的，与派出学生同等对待。为统一管理留学生工作，清政府分别在 1902 年 10 月 31 日和 1906 年 10 月 2 日向东洋和欧洲派驻总监督。

北洋军会操组委会发明"方便米"

八国联军攻陷北京城时,他们面对的是手持弓箭、双刃剑和牛皮盾的清国勇士。不管是政府的兵勇还是义和团勇士,他们都装备简陋,但有充足的气魄,甚至戴着丑陋的面具,发出令人毛骨悚然的狂吼。但那时候的旧式军队只是空有气魄,不过现在,大清国的练兵方式已经大不同了。

编练"新军"是清政府"新政"的主要内容之一,于1903年12月4日设立练兵处,实权为袁世凯所掌握。袁抓住"练兵""筹饷"两项要政,奏请拨款100万两,编成北洋六镇。同时,还担任参与政务、督办关内铁路等要职,羽翼遍布朝廷内外,死党分据要津,成为左右朝政的又一权臣。

1905年阴历六月,袁世凯督练的北洋新军六镇正式成军,清廷决定举行一次大会操,以壮国威。各国使节、武官、记者夹杂着间谍蜂拥而至。由于人员太多,修葺一新的接待府衙人满为患,一些人只好住在满是虱子跳蚤的小客栈。为使军人吃饭方便,相当于临时大会操组委会的阅兵处还研制了一种行军蒸米。他们把上等大米淘净,以水浸泡50分钟,干湿相宜后再用蒸笼蒸熟后阴干。需要时用水泡20分钟后即可食用,被称为"方便米"。

洋人们突然发现,这支袁世凯麾下的七万常备军如此军容严整、装备精良。尖檐的军帽,卡其布军装,质地优良的陆战靴,还有威风凛凛的毛瑟枪。他们学会的不仅是如何使用洋枪洋炮,还有如何对抗。大清国其余18个省也陆续建立了这样的军队,总数近百万。不过这些精壮的士兵,并非由朝廷供养,这也是区别于旧式军队极为重要的特点。

曾国藩的湘军、李鸿章的淮军,已经开始明显带有私人军队的性质,粮饷层层下发,命令层层传递,兵只听将命,将只听帅命,而且一旦换了将帅,马上指挥不灵。清末新政中,各地督抚筹款练兵,这其中,实力最强大者当属北洋六镇,也可以说是袁世凯。

袁世凯以兵起家,籍贯河南项城,字慰亭,家族殷实有权势,早年投靠淮军将领吴长庆,拜吴门幕僚张謇为师。随军入朝鲜时,得朝廷重用,初显军事才能,但真正声名鹊起却是在天津小站练兵,袁世凯以德国军制为蓝本,制订了一套完备的近代建军方案,起用了天津武备学堂毕业的冯国璋、段祺瑞、王士珍、曹锟、卢永祥等,他们也是北洋六镇的骨干将官,"小站"这个名不见经传的小镇,成为中国日后各自雄踞一方、相互征伐不已的军阀武夫们的摇篮。

到北洋六镇初练成,清廷中并非没有人看出袁世凯权倾朝野、野心勃勃,必将威胁王朝安宁,但朝廷上下,能懂兵事,又兼知洋务,更身体力行者唯此一人,慈禧太后还指望着他再兴王朝大业呢。

清廷内部向来权斗激烈,但袁世凯不同时期却得到李鸿章、翁同龢、荣禄、张之洞、奕劻等权臣的一致认同和保荐,写史者多归纳为袁善于巴结奉承,不惜重金,对人心揣摩细致入微。但善于巴结权贵者遍地都是,为何晚清和民国交错的历史上,唯袁世凯一人站在各种势力交错的中心点上,历史一再出现"非袁莫属"的局面?

5-2
1905年,一支北洋新军部队正从北向南通过北京公安街

从走在最前面旗手所举的旗子来看,这支部队是步队左翼第一营,统带段芝贵。袁世凯督建的北洋新军,主要由北洋武备学堂毕业生和淮军旧部组成,他们采用德国的训练方法,而军装样式则借鉴了当时的日本。从照片上可以看出,无论是帽子、上衣、绑腿还是肩、领章的样式,都是仿效日本。

5-3

北洋新军的一镇军官

北洋新军军官的装束要比士兵繁复得多,长长的上衣,插着缨束的帽子。袁世凯编练新军时,在《练兵处奏定陆军营制饷章》中,专设"军服制略"一项,明确提出改革军服的方案,其中第一条就是"窄小适体,灵便适宜",但是显然高级军官的服饰不受此种限制。当军官经过,两旁的士兵都立正行礼。

黄色新闻小报 0.5 美分一份

社会上的缓步开放可以从这时候的报业发展看出端倪。1906 年，美国安德森公使在《纽约时报》写下了大清国新闻业的种种："考虑到在中国的西方人其实还是相对少数，这里却有着如此多的外语出版物！"

这时候的上海一共有五份日报：三份早报，两份晚报，其中一份是法语报纸。上海还有着六份外国周报，其中一份是德语报纸。当然它还有一堆形形色色的中文周报。

"一般来说，所有外文报纸都卖 4.5 美分一份。订阅的价格则是每年 15 美元，邮资另算。与此同时，中文报纸才 0.5 美分一份。"安德森罗列的数据具有一定代表性，至少反映了上海的情况。

除此之外，全国还有相当大一部分的报纸是宗教类报纸，大多数是中文的，由目标和利益诉求都不同的传教士或教会负责编辑出版。

安德森默默观察着这一切，无法掩饰自己的惊奇："这十分有趣，此刻的大清国正在走着几十年前美国新闻出版行业已经走过的路线。整个帝国的报纸都是从各地不同的口语和方言用语习惯开始的，或多或少都有着本地特质。结果则是大量不负责任的出版物涌现，并且被它们的投资者用于保持报纸的新鲜口味。就像在美国很多小报呈现的很多'黄色新闻'。"

起源于 19 世纪美国的黄色新闻是一种品质低劣、没有灵魂的新闻。它不但不能主持社会正义，传播准确的信息，反而编制谎言、腐蚀人的灵魂。这时候大清国的乱局与怪象聚合，让安德森不得不把这些混乱的报纸和美国的黄色新闻联系在一起。

事实上，不只是新闻出版业兴旺发展，还有刚刚诞生不久的电影。

1906 年 8 月，《纽约时报》记述了"电影在中国"："大清国统治者，羞于使用这种设施。"电影放映设备是被中国官员进献的，用于慈禧太后的娱乐休闲活动。

其实，慈禧太后并非第一次接触摄影设备。任庆泰开了著名的丰泰照相馆之后，他曾经进宫给慈禧太后拍过照。1905 年，任庆泰在北京前门外大栅栏，开设了北京最早的影院"大观楼影戏园"，放映外国影片。同年，任庆泰还购买了一架法国手摇木壳电影摄影机、14 盘胶片，拍摄出了中国第一部电影《定军山》。

大清国女性的解放从脚开始

1907 年初，受西方文明的影响，为了让大清国妇女有更大的自由，清廷颁布了诏令，从此禁止妇女裹小脚。然而，大清国的女人们已经习惯了追求"三寸金莲"之美。西方媒体禁不住想，如果美国国会要求妇女们停止缠胸和束腹、提臀，那些追逐时尚的女人就会因此马上停下来吗？

但，清廷另有一套办法，立刻又颁布诏令：大清国所有官员，若其妻女有缠足者不得在政府里任职。于是，为了丈夫的政治前途，这些官员的妻女们也会像美国政客的女人一样，控制住自己的爱美之心。

缠足始于宋代，是将正常发育的脚背扭曲折断，用长长的布条紧紧裹住，再穿上精致的绣花小鞋。美其名曰：三寸金莲。这其实是父权社会体制下压抑女性人权的习惯，以及审美观的异化。

大清国女性的解放，从脚开始。慈禧太后还自掏腰包，拨出私房钱为大清国女孩们修建学堂，不过规定缠了足的女孩，一律不得入学。

事实上，慈禧太后自己一直是个大脚女人。她从未缠过足，她甚至做了很多努力来纠正这种习俗和解放这些可怜的女人。在 1907 年之前的 20 多年里，最有声望和才情的文人们也曾用笔呼吁过，抵抗过，反对这种习俗继续束缚女性的个体权利。基督教传教士们，甚至其他宗教团体，也都使出浑身解数，极力阻止这种严苛、不合理的习俗，但往往都无济于事。

西方人了解大清国习俗的第一件事往往就是妇女们缠足。而中国女孩要听说西方女性什么事的话，应该也是美国女孩要束腰。

这个有关小脚的禁令引发人们关注、追逐、热议，当然也有抵抗和反复。但最终，清国人必须意识到，如果新建女子学堂能够培育出更多西方文明影响下的新式女性，并且致力于推翻这些统治了人们几千年的旧习俗，这将有着其他任何事情都无可比拟的巨大价值。

5-4
六位京剧艺人

在传统京剧中,1905年,六位没有穿戴戏服的京剧艺人在休息。在传统京剧中,女性角色也要由男性来出演。

五大臣立宪考察火车站遇袭

清末新政几年间,最明显的受益人是民族资本家。趁着这黄金时期,以张謇为代表的一批实业家声望日隆,他们在势力崛起过程中对政治体制改革也有了新的期望,并且通过他们与当权者的体制内联系不断加影响助推政治革新。日俄战争期间所形成的"立宪国打败专制国"的舆论则成为重要的催化剂,一场轰轰烈烈的清末立宪运动即将登场。

立宪主张由清朝驻各国公使群体最先提出,得到直隶总督袁世凯、湖广总督张之洞、湖南巡抚端方等地方重臣的支持,使得慈禧太后相信唯有立宪,才能够保皇家尊号永固,朝廷于是打算先派大臣去西方考察一番。

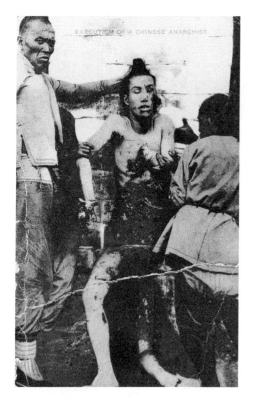

"刺客"吴樾

1905年9月,由北京寄向英国伯明翰的明信片上出现了一个轰动世界的人肉炸弹杀手尸体的照片,他在死后被一个面目凶恶的刽子手揪住头发以便于拍照,刺客的身体已被炸烂。"恐怖分子"是年仅27岁的安徽桐城人吴樾。这位保定高等学堂学生,与陈天华、赵声等结为知交,推崇"暗杀""恐怖革命"等信念。1905年赴京图谋炸毙铁良,但屡未得手。当获知五大臣将仿日本明治维新之初派出欧美使节团之例而出洋考察欧美日各国政治制度后,吴潜入北京,9月24日,他抱炸弹登上五大臣的专车,谋炸五大臣。因人多拥挤,车身震动,怀中炸弹爆炸而事败。混乱之中,只有载泽、绍英受轻伤,刺客吴樾自己被炸裂胸腹,手足皆断,当场身死。这位盲目的刺客,在清末的政治运动中,似乎并没有造成些许正面的影响。

在各省筹捐了 80 万两白银考察经费后，清廷选定的五位考察大臣准备上路了，考察团兵分两路，第一路打算于 1905 年 9 月 24 日从北京正阳门火车站登车出发。出发前，大臣们和社会贤达前来送别，人潮涌动，场面热闹，然而一声爆炸声突然响起，人群便乱糟糟炸开了锅。原来革命党人吴樾抱着暗杀救国的想法，怀揣一个自制炸弹混上了火车。后果是，吴樾当场死亡，考察大臣略略受了伤，但无疑这天是出发不成了。

不过箭在弦上不得不发，清廷让袁世凯再度缜密地安排了行程，考察团再次出发了，一路由载泽、尚其亨、李盛铎等人赴英国、法国、比利时、日本等国家，另一路由戴鸿慈、端方等去往美国、德国、意大利、奥地利等国家。1906 年春夏之交，考察团归来，上奏朝廷立宪已是国际大势。

考察团骨干成员端方秘密联系了自己的老朋友梁启超，这位坚定的立宪派精神导师奉上了一份立宪规划蓝图，这个蓝图也包含了立宪派代表人物杨度等人的思想结晶。当考察团成员将立宪蓝图带回，并把自己亲眼所见之各发达强国欣欣向荣的状况描绘给清廷当权者时，统治集团中的开明官僚连同海内外立宪派形成了"共振"。与此同时，民间势力代表张謇上下活动，也在极力为立宪造势。

1906 年 9 月 1 日，清廷宣布《仿行立宪上谕》，谕令各地高级官员开始着手立宪准备工作。这极大地鼓舞了立宪派势力。当年 12 月，预备立宪公会在上海成立，主要成员为江浙工商界代表和当地士绅。同时，广东粤尚自治会、湖北宪政准备会、湖南宪法政分会、贵州宪政预备会和自治学社纷纷成立，这几乎形成了全国性的立宪政治力量，有着明确的目标、强大的财力后盾和政治活动能力。在日本，梁启超成立政闻社，杨度组织了宪政讲习会，声援国内立宪运动。

《仿行立宪上谕》宣布第二天，王公贵族、地方重臣坐在了一起，他们将要面对立宪的第一个难题：改革官僚体制。而这意味着新的权力分配。

丁未政潮中的"PS"大案

到了 1905 年，清廷中反对新政和立宪的官员已经不多，但是一旦立宪开始推进，实际的问题随之到了眼前。要立宪，必从新官制入手。这是因为立宪后，君主将从具体的行政事务中超脱出来，相应地交给责任内阁，这意味着曾经依附于君主的朝廷班子也将随之裁撤。那么，原来统揽王朝军政大权的军机处大臣和六部众官都到哪里去呢？

第一个改革方案费时一月出炉，主要由袁世凯谋划，核心内容是取消军机处，以内阁取代，内阁设立总理大臣一名、左右副大臣各一名，加上各部尚书十一人组成。等到这个方案拿到桌面上来谈时，醇亲王载沣勃然大怒，继而和袁世凯唇枪舌剑，吵作一团，甚至还掏出一把手枪，打算射杀袁世凯，被左右拦了下来。

新官制反对派甚至煽动太监起来闹事，他们四下传言新官制要裁掉内务府，宫廷太监们将会被新的服务人员代替，这个王朝宫廷的特殊群体闻风而动，不停地到慈禧太后面前哭诉，甚至闹起了罢工，把慈禧搅得寝食难安，不得不对反对派做出妥协，新官制规定了"五不议"原则：军机处事不议、内务府事不议、八旗事不议、翰林院事不议、太监事不议。

袁世凯当时在全国立宪派当中是一个位高权重的旗手，但他更是弄权高手，官制改革中的宫廷之斗让他栽了大跟头，不但得罪了一大批人，还被夺了北洋六镇军权，差回天津去了。他趁着载振被清廷委任为东三省试行地方官制改革的钦差大臣路过天津之机，暗送唱梆子女伶杨翠喜于下榻房间，又派人暗送军机处领班大臣奕劻（载振父亲）银票，博得了父子两人欢心，奕劻遂将东三省主政官均换为北洋心腹将官，又找个加强边防的借口把北洋主力部队调派东三省，北洋实际军权又牢牢地掌握到了袁世凯和他的心腹的手里。

军机大臣瞿鸿禨对此了然于胸，这位出身科举固守清廉的军机大臣被晚年慈禧甚为倚重，他对袁世凯不仅极度不信任，还有从心底的蔑视。他联合了另一位受慈禧宠信的地方重臣岑春煊。岑因为在八国联军逼着朝廷西逃途中率兵救驾得到慈禧宠信，长期担任两广总督，是地方督抚中唯一稍能制约袁世凯的力量。瞿、岑长期秘密联络，抓住袁世凯大肆行贿送色给奕劻父子之事后，岑春煊突然进京，希望扳倒奕、袁两人。

但是双方的权斗白热化后，形势却急转直下。本来慈禧已有意罢免受贿的庆亲王，派员追查，但是瞿鸿机竟然把慈禧的意思告知了西方记者，谕令未下已是满城风雨，这犯了慈禧的大忌，瞿鸿机反被免职。而岑春煊则被对方用当时的高科技打败：奕劻密令自己的女婿端方，在上海的照相馆伪造了一张岑春煊与康有为、梁启超的合影，编造他们合谋密谈。对岑春煊向来信任的慈禧看到照片后大怒，立即免了岑的官职。

这是发生在1907年的政治风波，加之此段时间围绕跑官买官和各种利益结党营私，言官攻讦之事密集，史称"丁未政潮"。

政潮造成当权集团内部分裂公开化，极大内耗了改革的动力，结果是每一步改革无不是前后掣肘，难以大步向前。与此同时，民间的改革诉求只能愈加积压，立宪派已经迫不及待地要求召开国会，在1907年9月至1908年8月发起了声势浩大的国会请愿运动，清廷决定将之前宣布的十二年预备立宪期限缩短为九年。清廷依然是被动地坚持谨慎、渐进的革新，而革命党人呢，他们不停地鼓与呼，揭露清政府的腐败无能以及立宪改革的虚伪，民间革命始终和清廷改革在赛跑。

5-5

美国加州《排华法案》的宣传画

图片上,一位美国人,手挥一份美国总统切斯特·艾伦·阿瑟于1882年5月6日签署的《排华法案》,一脚踹向梳着长辫、长相丑陋、曾在西部帮助美国人修铁路的清国民众,这张宣传画的主题是"中国人回家去"。这份臭名昭著的法案,后来成为《美国法典》的一部分。从1882年至1905年之间,约有10,000名华人通过请愿方式将否决移民的决定上诉到联邦法院。这张宣传画指向的就是这批将被驱逐的清国民众。

5-6

《冰球》杂志上的政治漫画

1905年,一幅发表于美国《冰球》杂志上的政治漫画吸引了大家的目光。代表美国的山姆大叔和代表英国的约翰牛以及其他六国的元首,包括尼古拉二世(俄国)、威廉二世(德国)、明治天皇(日本)、翁贝托一世(意大利)、弗兰茨·约瑟夫一世(奥地利)和埃米勒·弗朗索瓦·卢贝(法国),抬头仰望一座华人面孔的高山。华人的面目是愤怒的,下面刻着"中国问题"的文字,如何均衡在华利益也是列强之间的一大难题。

5-7
1905年8月同盟会创立

在日本人内田良平的牵线下，孙中山将兴中会、华兴会（黄兴与宋教仁）、光复会（蔡元培、章炳麟、吴稚辉等）合并，在东京成立了中国同盟会。孙中山被推为同盟会总理，确定了"驱除鞑虏，恢复中华，建立民国，平均地权"的政治纲领，并将华兴会机关刊物《二十世纪之支那》改组成为《民报》，在发刊词首次提出"三民主义"学说，正式宣示将创立"中华民国"，并与梁启超、康有为等改良派展开激烈论战。

5-8
雄伟却残破的北京城墙

这个被八个国家的军队攻击过的清国首都,引人注意的是高耸在城墙边的一条细长的电报线杆,在骆驼仍是这个国家重要的运输工具的时候,清国也同样拥有可以与世界沟通的电报。

5-9
杭州栖霞岭南麓的岳飞庙

这个传奇将军在南宋时期因抗击金国军队期间,被皇帝与他的大臣用莫须有的罪名在杭州风波亭处死。1162年皇帝下诏为岳飞平反,并为其建庙祭祀。照片中的洋人与华人端坐在圆形墓前,墓碑上写着"宋岳鄂王墓"字样。

5-10
福州一座临时的桥梁

1905年3月14日,连日的大雨冲毁了这座古老的桥梁,当地民众用两根粗壮的松木横在原来的桥墩上作为临时桥梁。这座被当地人称为断桥的桥梁的两侧,挤满了准备过河的民众。

5-11

北京城外骑驴的小摊贩

这头驴子身上架着两只箩筐,低着头走在一座简易的木桥上,二者的身后是雄伟的都城城墙。

5-12

北京街头的驯熊表演

表演的主角应该是画面中央的一头熊,他们把收到的观众赏钱放在旁边类似于烤红薯的铁桶中。

5-13

阳台上的一双麻鞋

1905年,杭州冬天暖阳下,一户人家在窗台上晾晒着一双麻鞋,它在土墙的映衬下散发着一种难以言表的时尚、舒适。

5-14
美国夏威夷兴中会总部

同盟会成立后,在孙中山的主张下,兴中会并入同盟会。1894年11月24日,甲午海战清国连遭败绩,孙中山在夏威夷成立兴中会,以"驱除鞑虏,恢复中华,创立合众政府"为宗旨,以期振兴华夏。孙痛心于"堂堂华国,不齿于列邦;济济衣冠,被轻于异族"的积弱现状,创建了这一以进行资产阶级民主革命为职志的政治集团。

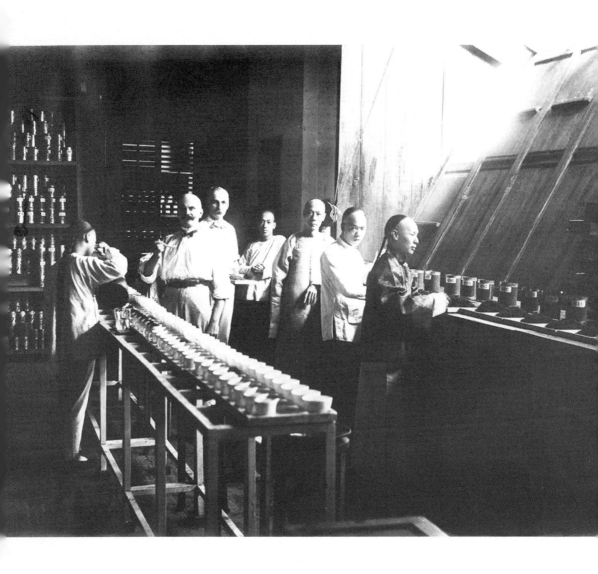

5-15
福州，奥德尔茶叶公司的新茶品尝室

英国商人早在1860年就进入了福建，并组成了至少几十家茶叶出口公司，将福建的茶叶制作成红茶或绿茶，出口到欧洲。

5-16

身着旗袍、手执折扇的香港女子

这些女子眉目清秀,有别于其他同时期关于清国图片上的民众木讷的表情与黑色的脸孔。摄影师赖阿芳在注解中说,这中间还有几位女性是香港的马迷。

5-17、5-18

山东青岛两所公立男子和女子学堂开学

1905年9月2日,清政府发布谕令立即停罢科举。德占青岛遂成立了两所公立学堂,这些学堂中的学生大多为满族官员与当地士绅的孩子。在青岛的这两所公立学堂里,甚至有德国教员教授物理、天文、数学诸科。

5-19

盲校的孩子学习编篮技艺

1905年，福州北门柴井顶，宫维贤（George Wilkinson）夫人岳爱美（Amy Oxley）捐助兴办的盲人学校灵光书院，这所学校的创办者澳大利亚人岳爱美小姐1896年曾奉基督教圣公会差遣赴华传教。在连江县租赁一所民房免费收容盲童，并创办盲人学校"中华圣工会私立灵光盲童学校"。学校最早的教学方法是借鉴福建顺昌县西方传教士库克所创的教学经验，以《圣经》为文本，用凸点符号表示罗马字母，拼写成福州话，这种方言盲文有字母30多个，每个音节至少需要两个以上的点符。书院其后因义和团运动被迫停办。这所建在福州的灵光书院，系1901年岳爱美重建，她首次提出"以手养口"的办学理念，让盲人用自己的双手通过劳动养活自己。书院施行半工半读制。课程分设有国语、珠算、唱歌、英文、结草席、编竹篮、修风琴、修钢琴等课程。福州灵光书院在教学方面屡获清廷与民国政府嘉奖。

5-20
美国总统西奥多·罗斯福的女儿爱丽丝觐见慈禧太后

1905年,她正要去觐见慈禧太后。爱丽丝因为她的眉毛和叛逆的公共行为而获得了知名度。《华盛顿邮报》的文章称:"这个年轻的美国女孩的访问可能会对统治中国的可怕老太太造成影响。"皇太后在颐和园为总统的女儿举行了欢迎宴会。在她的自传中,爱丽丝写道:宫廷官员们送来了一张皇太后的照片,被镶在四方镀金框架中。这个生动的描述表明,慈禧的照片已经成为帝国存在的延伸,并成为清国赠送的国家礼物的一部分。

5-21

逃亡海外的梁启超

1905年底,梁启超在逃亡数年后,终于在日本得到与清廷改良派官员接触的机会。是年,清廷特派载泽、戴鸿慈、徐世昌、端方、尚其亨五位大臣分赴西洋各国考察。经考察后,仍然找不出中国实行君主立宪的具体方案,于是端方特派熊希龄自欧洲考察途中折返日本,秘密找到梁启超、杨度二人,请他们代拟五大臣出洋考察政治报告,梁代其撰写《东西各国宪政之比较》等奏折,杨度协助撰写了《中国宪政大纲应吸收东西各国之所长》和《实施宪政程序》两文,并根据中国国情提出一个方案:实行两院制,实行司法独立,实行责任内阁制,实行地方自治,制定宪法。不久,慈禧连续召开会议,观其奏折,加以讨论。讨论结果认为专制政体无法继续,同意走日本的道路,故于7月13日宣布预备立宪。梁随后成为立宪派领袖,并全方位着手对于立宪的各种基本条文的研究。

5-22
广州沙面街头的一位巡警

戴着一顶清朝的盆帽，打着绑腿，腰悬一把警棍。广州人叫他们巡士长或者巡士。1902年，袁世凯在天津设巡警局，清政府下令各地照办。广州遂废保甲制度，于1903年3月，成立巡警总局。至1905年，已有警察5000多人。这些巡士长早期的一项任务是禁止妇女上茶楼，并收缴麻将牌。

5-23
1905年，山东威海

一艘福建船只于威海触礁搁浅，威海海西头村董车硕学冒险施救。殖民地政府特意于香港定作一檀香木匾额，上刻"拯人于危"四字，亲自送至车硕学家中，并要求威海人向车硕学学习。

5-24
北京菜市口

这个被绑在木桩上的犯人名叫符珠哩,1905年4月10日,他因杀害自己侍奉的蒙古王子被判处"凌迟"。这种刑罚要求在犯人活着的时候由受过训练的刽子手,将其身上的皮肉分成数百至数千块,用小刀逐块割下来。这种"千刀万剐"的可怕酷刑的照片,被法国士兵拍下并第一次传到国外。"凌迟"于两星期后被清国明令废除,但他并不是最后一个被凌迟处死的犯人,1907年7月6日,光复会成员徐锡麟仍被愤怒的清国官员判处了这一"废除的刑罚",徐成为有记载的中国历史上最后一位被凌迟处死的人。

5-25
中国皇子在日本留学

图片上的具体人物已不可考。清国皇室在出洋留学热中,派出的一批皇亲国戚,赴日本各个大学学习军事、经济等。是年2月,来自伦敦的《每日电讯报》消息称,日本正准备在战后致力于成为北京最主要的"顾问"。裹挟在一系列事件中的中日关系这时候不再只是暧昧,而是如1905年9月《纽约时报》的评论《日本化的中国》所言,中国与日本有了现实的联系,从改良派先锋康有为开始就是如此。而清国皇室此时派出一批皇家子弟,对于日本来说,显然是一件很重要且可以影响未来清国命运的事。

5-26
北海上的伐冰活动

1905年冬天,北京的两个劳工正在将从北海上切割出的冰块拖走。这块冰将会被保存在地下十多米深的冰窖中,用来在夏天降温。

5-27

北京崇文门下,熙来攘往的北京市民

这道门一直是商贾进京的通道,异常繁华。

5-28

北京地安门大街上的钟楼

钟楼为永乐大帝所建,楼正中悬"大明永乐吉日"铸的大铜钟一口,号称"钟王",它是古代中国的报时装置。据明清规制,钟楼每天两次鸣钟,寅时为"亮更",戌时"定更"。戌时开始在每个更次击鼓,直到次日寅时。此为"晨钟暮鼓"之谓。

5-29
1906年,北京前门三头桥

庚子事变所焚之处皆已修复,街道两边有零星电线杆。摊贩在桥头拥塞叫卖。似乎洋人与洋枪并没有改变老北京的陈旧生活。

5-30
位于北京中轴线上的鼓楼

它是元明清三代北京城的击鼓报时之处。与一般钟鼓楼东西对立排列不同的是,北京的鼓楼在南,钟楼在北,一前一后地坐落在古城北端,与南面的景山遥相呼应。

5-31

颐和园佛香阁

1906年，日本摄影师山本赞七郎拍摄的颐和园，此张图片被制成明信片在日本国内大量发售。

5-32

北京天坛祈年殿

天坛里长满了野草，一个着长袍的男人站在台阶上。清国皇帝似乎再也没有来祭过天了。

5-33

1906年的北京城墙

一队新军士兵正沿着铁道线进行巡逻。

5-34

保定陆军学堂

朱漆大门饰以铜钉铜环,门楣上悬挂着书有"陆军速成学堂"六个大字的横匾。1902年北洋大臣袁世凯在保定东关外开办"北洋行营将弁学堂",冯国璋任总办(即校长)。第二年袁又奏请开办陆军小学堂、中学堂、大学堂,进行正规军事教育训练。之后于保定建成"北洋陆军速成武备学堂",即为保定军校前身。其建筑格局与教育学科均仿日本士官学校。1906年,清廷借口统一兵制,将兵权收回,设立陆军部,同年将其改为全国陆军速成武备学堂。黄埔军校校长蒋介石曾在此受训炮科一年,成为保定军校的著名校友。

5-34	5-36
5-35	

5-35

长沙"雅礼大学堂"

1906年11月16日,美国耶鲁大学传教会诸校友在长沙创办"雅礼大学堂",它被美国人称为"中国耶鲁"式的学府,最后聚合了雅礼中学、雅礼学堂、湘雅医院、湘雅医学院和湘雅护理学院。凝聚这所湖南省最早的现代化教会大学回忆的,则是现在的湘雅医学院。

5-36

上海九江路口的圣三一教堂

这座上海市现存最早的基督教新教教堂,俗称"红礼拜堂"。它是一所国际性主教座堂。

5-37
江西萍乡煤矿投产

清国的官商盛宣怀为解决汉阳铁厂燃料问题而在1906年投建一座西式现代煤矿。这座煤矿全盘使用机械生产、运输、洗煤、炼焦，甚至连工程师也都由洋人担任。这个在当时现代化程度最高的煤矿就是后来的安源煤矿。1922年，毛泽东就是在这里领导了一次著名的大罢工，成为了他革命生涯的起点。

5-38
四川彭州龙兴寺

这座变形的古老的宝塔，是1786年6月1日的地震造成的。塔从中间一分为二，但仍然屹立不倒。

5-39

从鼓楼上眺望北京

从元代起,鼓楼就是北京城最重要的商业区。根据古代都城"左祖右社,前朝后市"的规制,鼓楼正处在皇城之后,而且附近多有权贵宅第,不远处的积水潭和什刹海也都是商贾云集之所。

正对鼓楼的街道,元代叫十字街,明代称鼓楼下大街,清代称鼓楼大街。此街处于京城南北中轴线上,文物古迹遍布街道两旁,历代均为繁华街市,俗谚"东单西四鼓楼前"的鼓楼,指的就是这里。标志性建筑有万宁桥、火德真君庙、白米斜街和杏花天老宅院、百年老店铺等。

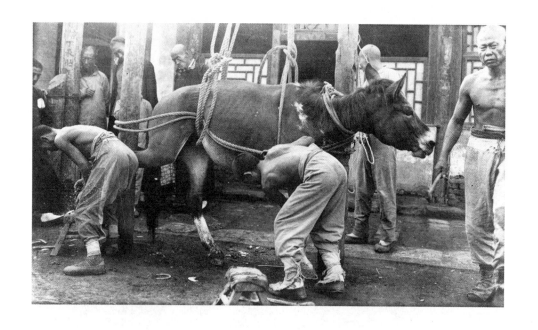

5-40
两个铁匠为马换铁掌

1906年，北京南部的一个铁匠铺，两个铁匠正在为一匹马换铁掌。马匹被绑带与木具架起来，无法动弹。这门古老的钉马掌的技巧，只在少数的匠人中流传。

5-41
长江的渔民与一捕鱼的水獭

1906年，长江边的渔民与一只正在捕鱼的水獭，这些渔民有个古老的技巧，可以训练鸬鹚、水獭等动物去捕鱼。他们有时候只在岸上等候即有收获。

5-42
上海街头展示的留声机

一群孩子戴着听筒，倾听从机器里涌流出来的声音。在这个东方冒险家的圣地，外国人除了带来枪炮与威胁，同时也会第一时间带来世界上最新奇的玩意儿。

5-43
燕山古道上的一对老夫妇

老太太坐在驴背上,老先生牵着向前走。

5-44
陕西汉中一位团练

这位类似于民兵的精壮汉子，手持的是一支广东制造西局于1906年仿制的7.92毫米毛瑟枪1898式。这款经典的毛瑟枪，经过改进后，成为纳粹德国"二战"时候的主流步枪。

5-45
1906年的福州鼓岭邮局

这个邮局开办于1902年，每年在端午节后开张，农历八月十五后关闭，属于季节性邮局，与庐山邮局等并列，是清国早期五大"夏季邮局"。这所邮局上悬"大清邮政"字样，大门两旁张挂"邮政重地，禁止喧哗"告示牌，显示出官办威仪。清国的光绪皇帝在1896年3月20日，批准开办大清邮政官局。但仍设于总税务司署内，邮政总监由海关总税务司赫德兼任。1906年清廷设邮传部，直到1911年5月，邮政才脱离海关，成立邮政总局。

5-46
清国的海军军乐团

1895年，袁世凯在小站建立了第一支军乐队。其后海军也建起了自己的军乐队。清国各地新军除了将新式武器接收了过来，也仿制了自己的军乐队。慈禧太后于1903年令袁在天津开办了一个军乐培训班"乐工学堂"。北洋新军现代军乐队所操练之制式法则遂成为新军各军乐队定制。照片中的成员虽手执西式鼓号，但却着旧式水师制服。

5-47
陕西陆军小学堂

1906年，奉陆军部命令，西关武备学堂更名陕西陆军小学堂。此为学校的初级军官们正在接受校阅。该校学制三年，旨在为陕甘编练新军准备各种军事专业初级技术人才。翌年秋，该学堂又选送钱鼎、张钫等30人入保定陆军军官速成学堂第一期分学步、骑、炮等科，学制两年半，毕业后返归陕西新军混成协任初级官佐。

5-48
上海，李鸿章的铜像

李鸿章死后仍然是西洋人心中的伟大人物。1904年，李去世三年后，盛宣怀在法华浜东岸的22亩土地上建成李公祠。1906年，李鸿章铜像在李公祠的土山上落成。铜像为德国军火商克虏伯公司铸造，像高9尺6寸（约3.2米），1950年被毁。

提格爾城之坡魯斯製造蒸汽機關車廠

三百輛淞俄奧意丹瑞日本等國皆定購焉

Borsigs Lokomotivenfabrik in Tegel bei Berlin.

In dieser Fabrik, die nebst ihren Nebenwerken über 13 000 Beamte und Arbeiter beschäftigt, sind bis jetzt fast 6300 Lokomotiven für fast alle Länder der Erde hergestellt worden, z. B. außer für Deutschland für Frankreich, Österreich-Ungarn, Holland, Dänemark, Schweden, Rußland, Italien, Türkei, Japan, Argentinien, Brasilien und Chile.

5-49

德国一家火车头制造工厂

1906年,出洋考察使臣来到这家规模达到13000人的工厂考察。考察使臣特意注明日、法、意等数十国均从此厂订购火车头。

5-50
彰德秋操期间的陆军军官

这位新军军官的袖章显示出军阶为中等第一级，即正参领（相当于今上校）。此照于1906年11月15日，即彰德秋操结束三周后赠予英国记者莫理循。参加彰德秋操的人中，有五位在未来成为民国的总统，这场秋操好像是大清办给民国的阅兵式。不过从彰德秋操走过来的人，当时还意识不到，秋操演练场上，站在飘扬龙旗下的大军会成为他们最大的政治资本。

5-51
参访秋操的外国军官

1906年，彰德秋操时，两名参访的外国军官在品评这位会说英文的军官的新型欧式军礼服，袖章与肩章显示这位军官的军阶为正都统。据巴克斯所记，一年前新军军官已剪去辫子，故而此军官之辫子不知是真是假。按当时规定，礼服军帽仍为清式高帽。清末曾举办过三次秋操，彰德秋操是最大的一次。当时的媒体曾不吝美词："此次大操，地方官吏修缮街道，大街一带各业店铺亦令涂饰一新，各店均悬灯结彩，高揭国旗，宫保（袁世凯）并由天津派来巡捕四百名，分布巡逻，市街之整洁，人民之肃清，诚中国内地之初见也。"

5-52

1906年的新疆伊犁

曼纳海姆在清国考察期间拍摄的特克斯河谷中守备将领与他的亲兵。

5-53
在英国展览的中国物品

1906年5月16日，在英国布里斯托尔的科尔斯顿大街上的"城市博物馆与美术馆"举行了"伟大的传教会"的展览募捐活动。这张照片显示的是"中国货摊"，摊主向英国人出售牧师们从清国带回来的各种奇特的物品，以筹集传教用的资金。

5-54
芬兰人曼纳海姆在兰州

1906年3月，芬兰人曼纳海姆混进法国汉学家伯希和率领的考察队，潜入清国进行间谍活动。在为期两年的考察活动中，曼纳海姆横跨了中国新疆、甘肃、陕西、河南、山西、内蒙古、河北等八个省份，行程1.4万公里，收集了大量重要情报。他按俄军总参谋部的旨意做全面的军事和社会考，探明从喀什经过兰州直达北京的最佳军事路线。为俄国从新疆侵略清国做情报准备。此人曾于1904年被派往驻满洲里的第52龙骑兵团任中校。此后他又参加了"日俄战争"，并在"一战"和"二战"中维护了芬兰的独立。

247

5-55
被拐卖儿童获救

1906年,福州南台坞尾街像仪楼拍摄了一张被拐卖儿童获救的图像。图片上注明:"林庆润公司护网江丙小轮,在外海拿获拐匪二十三名,被拐男女小孩共计四十一名,分处寄养,各属取领。"这个林庆润公司在外海所救的小孩大部分是从台湾拐卖而来的。福州府遂将此事上奏,将这些孩子妥善寄养,并拍照褒奖施救者。

5-56
一户贵族家的八个孩子

他们站在自家庭院的假山石上,面对着法国传教士梅荫华的镜头。这位传教士发现,满族达官显贵们都住在有着狭窄街道的胡同里,然后从一扇门中,走入一个巨大的四合院。院子里住着自己的一到两位太太,以及一群孩子。

5-57
华裔女童在纽约中央公园

女孩子们穿着干净的白裙子,拉着手在中央公园的草地上转圈、欢笑,用好奇的眼神张望着摄影师的镜头。

5-59

1907年，七名儿童

他们坐在一家上海摄影工作室的工作间，手边是几本打开的儿童相册。这些孩子圆圆的脸蛋显示有着良好的营养。那种印在黑白图片上的清国人的木讷也消失不见。

5-58

一位在苏门答腊棉兰的华人侨民首领

他因捐给左宗棠一万两白银办船厂，而被清廷封为道员。晚清在南洋的侨民近百万，他们常为清廷的海防给予捐赠，清廷则对捐赠者授予不同的虚衔。侨民则对接受清廷的封赠而备感荣耀。印度尼西亚侨民官员出行竟仿效清朝官吏身后打伞，以示尊严与官威。

5-60
1907年的上海南京路

南京路修建于19世纪60年代,是上海公共租界越界修筑的道路。大街两边聚集了很多著名的建筑。

5-61
北京街头剃头的市民

这张图片为日本人山本赞七郎所摄,他于甲午战争后来中国,在王府井附近的霞公馆经营照相馆,专拍市井人像。这幅图片展示了清国男人梳理辫子的复杂过程。

5-62
能坐下8个人的独轮车

这张摆拍的图片,显然是为了展示在胶轮人力车之前,这种独具中国特色的木轮独轮车拥有很好的性能。

5-63

1907年，山西太原府街头

一名流动的街头厨师与在路边喝粥的食客。这种流动的街头小吃摊为市民提供简单便宜的下午茶。

5-64

太原郊外的一位农民

他赶着由牛和驴拉动的铁犁在种地，至少有近千年的历史表明，这里的农民一直在用这种古老的方式耕种。

5-65

上海南京路铺设电车轨道

1907年，英商上海电车公司雇用的工人在南京路上铺设电车轨道，它是上海也是全国第一条有轨电车线路，从静安寺铺设至上海总会，沿线为主要商业街，全长6.04千米，1908年3月5日正式落成通车。沿着外滩通往上海俱乐部。

5-66
1907年,天津日租界全景

天津日租界是天津的九个租界之一,同时也是近代中国五个在华日租界中规模最大,也是唯一较繁荣的一个(另外四个是汉口日租界、苏州日租界、杭州日租界和重庆日租界)。天津日租界的所在地域,原是位于天津城东南方的一片沼泽地。

5-67
天津英国俱乐部

这座二层建筑位于维多利亚路(解放北路),是天津英侨上流社会的社交场所,被租界的各国人士称为英国球房和游艺津会。1904年,由天津英租界董事会董事长德璀琳发起兴建。这张明信片上写着几句潦草的话:"维多利亚路,英国租界的主路,我们每天都在那里玩……"

5-68
1907年首批留美幼童聚会

自光绪七年(1881)全部官费留美学生94名幼童返回中国,至此已25年左右,中途辍学和去世的有32名。这批学生中最有名的是詹天佑,他勘查、设计了京张铁路。而他们中的许多人都将在随后的历史中成为风云人物。留美幼童回到国内,也自成一个圈子,他们不时聚会,甚至联姻。此为他们某次相聚时的一个合影,当年的留美幼童已入知命之年。

5-69
山西大学堂首批赴日留学生

1900年义和团团员在太原砍杀了几名传教士,新任山西巡抚岑春煊电请英国上海总教士李提摩太来"议结教案"。李遂提出用赔款建立一所中西大学堂,这就是山西大学堂的缘起。据1903年清政府颁布的《钦定学堂章程》"须设有三科才能成为大学"的规定,山西大学堂与京师大学堂遂成为清国仅有的两所大学堂,名噪一时。这张临行前的官学合影上,身着王朝制服的官员们和身着如同京剧演员服装一般的留学生们心无芥蒂地坐在一起。官员们和学生们也许都还不知道,当他们东渡日本踏上异国他乡后,便会和帝国离心离德。这个受到近代文明滋养的留学生群体,迅速对专制制度极端不满,成为民主共和的摇旗呐喊者。

5-70
"鉴湖女侠"秋瑾

1907年7月15日,光复会起义失败后,秋瑾在故乡浙江绍兴被清政府杀害。秋瑾生于厦门,初名闺瑾,留学日本后改名瑾,自称鉴湖女侠,笔名秋千、汉侠女儿,曾用笔名白萍。近代女性民主革命志士,提倡女权。她的死讯传出,在舆论界激起轩然大波。作为舆论中心的上海,各大报刊对秋瑾的报道铺天盖地,给予她极高的评价:"至于以国民之权利、民族之思想,牺牲其性命而为民流血者,求之吾中国四千年之女界,秋瑾殆为第一人焉。则秋瑾之死,为历史上放光明者,良非浅鲜。"

5-71
在莱比锡大学留学的蔡元培

蔡因在国内参与密谋暴动,被清廷通缉。1907年,他在驻德公使孙宝琦的帮助下到德国留学,在柏林一年学德语,后来在莱比锡大学研究了三年哲学、文学、心理学和民族学。

5-72
张荫棠与梁敦彦

这两位在晚清分别出任清国外交重臣的广东乡亲在美国合影留念。在担任驻美公使之前，张荫棠曾于1906—1907年以驻藏帮办大臣的身份，整顿西藏政务，卓有成效。是年，梁敦彦出使归来后，官至外务部侍郎、尚书右丞。

5-73
檀香山华侨棒球队

他们在岛内所向披靡，几可与美国最有名的海陆军和加拿大棒球队一较高下。这支声名远扬的棒球队，创始队员中有兴中会成员冯恩赐与陆树阶。辛亥革命爆发后，华侨棒球队大部分回到国内，参加了孙中山领导的国民革命军。

5-74
旅途中的加拿大医生

加拿大医生查尔斯·科恩·埃利奥特（Charles Coyne Elliott）和妻子玛丽·玛莎（Mary Matha），前往四川成都，在路边旅店休息。他的新婚妻子玛丽玛莎身着满族服装，查尔斯先生则身穿中式长袍。他们跟随基督教中国内陆使团，从20世纪初到20世纪20年代，一直在四川工作。

5-75

伊尔底斯碑下的两个小孩

这座有着半截船桅的纪念碑,是德国侨民为纪念1896年7月15日在山东海面遭遇风暴而沉没的德军炮舰伊尔底斯号的70余名死难者而立。第一次世界大战后,英国侨民于1918年1月16日将其推倒。之后,德国人又把它修复,迁到延安西路的德国总会内(今静安公园),新中国成立后,纪念碑被整体收藏于上海历史博物馆。

5-76

1907年6月的曲阜孔庙

门口两座恭敬的石像据称是孔子的两位著名的学生。

5-77

1907年6月,山东曲阜县

传说中的中国圣人孔子的墓前,站立着他的很多代之后的后人。蜂拥进入清国的所谓汉学家们都会来朝圣,并将此作为一个旅游胜地。这张图片是法国人沙畹游历山东时拍摄的照片。

5-78

广西学界举办游艺会

1907年11月29日,广西学界第一次游艺会在桂林举行。主席台上广西巡抚张鸣岐正在发表演讲,他身边的两个年轻军人中,其中一个是陆军小学堂总办蔡锷。在这个广西史上最早的省级运动会的主席台上,令人瞩目则是横额上的"立宪万岁"四个大字。1905年日俄战争,日胜俄败震惊清廷。清廷以为"日俄之胜负,乃立宪专制之胜负也。非小国能战胜于大国,实立宪能战胜于专制",于是始议君主立宪制。宪政遂成公众话题,并开始深入人心。在清廷正式颁旨倡导立宪之前,偏居一隅的广西在这样一个有39所参赛学校,参赛人数990人的运动会上,提出此议,遂见立宪已成燎原之势。

慈禧皇太后于11月15日下午2点去世。1861年以来,她一直在操纵大清国的政局。这期间没有任何人可以逾越她、阻挠她。1881年以来,「再没有人反对过她」。她是一个很强大的独裁者。

事实上,他已经被清廷宣布成为新的统治者。刚刚3岁,他是大清国摄政王醇亲王的儿子,溥仪。大清国这时候显然有了很多改变。

孙中山改造『黑社会』闹革命

帝国最后的政治班底

慈禧的陪葬品中有一辆轿车

孤独的改革派皇帝驾崩

崩溃

一九〇八·〇九

1908年11月9日,清国国丧

慈禧太后,这位咸丰帝妃,也是同治帝的生母,于11月5日病逝。慈禧太后作为同治、光绪年间清国的实际统治者,在风雨飘摇的清朝末年,掌权时间长达47年之久。慈禧太后在她的统治期间发动政变三次,立皇储两次。她发动的最著名的战争是向全世界宣战,死后谥号"孝钦慈禧端佑康颐昭豫庄诚寿恭钦献崇熙配天兴圣显皇后",长度为大清皇后之最。她庞大的灵柩用黄色织锦覆盖着,像一团火似的燃烧、闪耀、发光,释放出明亮的金黄色。灵柩由100多名轿夫从北京的紫禁城抬送至距城有100多公里远的东陵。沿路的士兵们全都持枪致敬,外国公使的警卫们也都向灵柩敬礼。《纽约时报》的讣闻称她"这位政治家在世界事务中往往显现出自己的妇人本色"。

孤独的改革派皇帝驾崩

1908年,大清国的11月很悲伤。《纽约时报》11月14日的北京消息宣告：大清国光绪皇帝在这一天下午5点多去世。

慈禧的病情同样严重,她在知道光绪皇帝病逝的消息时几近崩溃,至少给外界造成的印象是她对这个皇帝心存慈念。尽管大家都隐约觉得,独裁者皇太后也许才是光绪离世的原因。与此同时,她自己的灵柩也已经在宫内准备就绪。

但对于大清国的百姓来说,统治者的灰飞烟灭似乎对他们没有什么影响。也因为这个统治者光绪太过于孱弱,以至于只能做一个傀儡。他不仅一直以来都受疾病困扰,还常常在惊恐和绝望中饱受折磨。他甚至在8月就对人们宣布：他,疯了。

据宫内一份诏书,自从1907年秋,光绪皇帝就一直病着,精神恍惚,食欲不振,夜不能寐。而这一次,是彻底地病去,不再回来。11月14日、15日,西方媒体都在急于核实统治者之殇的消息。可是依据惯例清廷通常会隐瞒皇室成员的死亡消息,外务部在这两天都矢口否认皇帝的归西,以至于西方观察家们议论纷纷,莫衷一是。但一般人还是都认为,统治者已经去世,可能就在头天晚上,或许更早。

这个薄命的统治者自童年以来就很孤独。清廷不可能让他有很多童年的快乐。1876年5月,小皇帝就开始接受各种启蒙教育,从早到晚。到了结婚年龄,也是被慈禧下诏安排好结婚对象。刚刚完婚又开始亲政,定时向他的姨妈,就是慈禧太后汇报。他孤独地成为傀儡,几乎等于被囚禁。他被无数条条框框约束着,不能表达自己。1898年好不容易支持改革派,却差一点被慈禧太后罢黜。

而这一次,在改革派取得了有限的胜利的时候,这个孤独的改革派统治者却离去了,连离去的背影都那么孤独。他一生中只爱着珍妃,那个女子被慈禧下令丢进了皇宫深井。他

6-1
珍妃像

珍妃年轻貌美，性情活泼，对外来事物采取开放接受的态度，不被虚套束缚，喜爱时装，珍妃不排斥照相技术，成为清宫后妃中最早的照相者。庚子年，八国联军即将侵入北京，慈禧在出逃前，以"洋人入城，免受污辱"为由，命太监崔玉贵将珍妃推入慈宁宫后贞顺门的井中溺死，珍妃时年仅25岁。后人称这口井为"珍妃井"。

名义上的妻子隆裕皇后在他心中是慈禧套给他的枷锁，皇宫三千佳丽都不曾为他生下一子一女。

民间也传说着另一个版本的故事：年轻的皇帝怎么这么轻易地死去，如果不是那个嗜权如命的母后所害，也一定是有什么人做了恶毒的手脚，这个人便是袁世凯，他和小站的新兵们在戊戌年跟光绪结下仇怨，如今权倾朝野的他怎么可能让宿敌成为主子？如果他买通宫廷太监，在体弱多病的皇帝吃的饭食或者汤药里稍微做一些手脚，他就再也没有什么权力的羁绊了。传言的后续故事里还包括，光绪帝临死遗嘱只有两个字"杀袁"。

国际舆论则饶有兴致地等待大清国的声明和外交上的改变。"光绪皇帝驾崩，曾推动改革功不可没"成为头条标题。但很快就有人指出，作为傀儡统治者的光绪皇帝离世可能并不会对政局造成多大的影响，当然，如果慈禧太后去世就不会这么简单了。

慈禧的陪葬品中有一辆轿车

> 西方媒体往往擅长描述慈禧太后的独裁和极权主义风格，但也承认她所具有的"不仅是维持权势必须有的冷酷、坚定的意志以及冷血的统治手段，她还是一位有一定才华的诗人，天性幽默，有艺术天分"。

西方人也没有想到，这么快，这个猜测和分析就成为了事实。伦敦《泰晤士报》11月15日的消息如下：

大清国慈禧太后在今天去世。大清国皇帝刚刚于周六去世，他们两人死亡时间如此之近，不免让人产生疑虑。人们怀疑这种事情的背后可能有谋杀。而刚刚死去丈夫的皇后对其他人而言无足轻重。

清国皇帝死亡的直接原因据说是神经衰弱症。当快断气时，皇帝陛下拒绝让别人把他搬到长寿宫去，这违背了大清国的先例。因为每当清国统治者死去都会被放入这个宫殿。最终，他还没穿上这种场合应该穿上的寿衣就断气了。

慈禧皇太后于11月15日下午2点去世。1861年以来，她一直在操纵大清国的政局。这期间没有任何人可以逾越她、阻挠她。1881年以来，"再没有人反对过她"。她是一个很强大的独裁者。

溥仪已经被清廷宣布成为新的统治者。事实上，他是大清国摄政王醇亲王的儿子，刚刚3岁。大清国这时候显然有了很多改变。

外务部正式对西方人宣告了皇太后死亡的消息。京城里的红色消失了，取而代之的是严肃的蓝青色。不容易动情的百姓似乎还是被强势独裁者的死所感染。皇宫里传发出讣告，筹备举行祭奠仪式。

《纽约时报》说她"就像俄罗斯的凯瑟琳·麦迪西（即女皇叶卡捷琳娜二世）和英国的伊丽莎白那样，完全是凭借毫不动摇的残忍本性来获得并保持手中的权力。并且同她们一样,她也对周围人保持着不可思议的神秘感"。

她自幼聪明伶俐,是咸丰皇帝最宠爱的妃子之一,但她眼里只有权力。咸丰去世后,她一步一步地接近权力。从垂帘听政开始,慈禧开始用顽固和冷酷无情给大清国带来不幸和灾难。因为慈禧对权力的追逐,清王朝继续维系了 48 年。但这个没有什么知识与眼界的女人为了权力,完全截断了任何聪明果敢的领袖出头的机会。大清朝末年,在慈禧的操纵下,登位的都是性格温和的皇帝。光绪有改革的心,却缺少狠辣的胆识,无法对抗慈禧。她一直隐藏在光绪皇帝的背后,作为幕后的铁腕人物,操纵着政局,"直到死,她的愿望和决心一直都是不向西方屈服,但她的这种愿望和决心一直妨碍着大清国的觉醒"。

但是,在她的强硬之外似乎也有另一面,她曾经允许一位美国女画家凯瑟琳·卡尔(Katharine Augusta Carl)为她画肖像,在宫中居住了一年多时间后,在凯瑟琳看来,慈禧是"非常面善的女人,容貌看上去要比实际年龄年轻许多,脸上永远带着胜利者自得的微笑"。

对于荷兰阿姆斯特丹《电讯报》记者亨利·博雷尔而言,1909 年是不那么平凡的。他想不到自己竟然可以在一个王朝消亡之前目睹"她"的下葬。

这分明是大清国末年最浩大、最豪华的葬礼,彻底终结"老佛爷"时代的仪式。他们烧掉大量用纸做的冥币、士兵,和慈禧生前最喜欢的玩物。她会被下葬到她生前就为自己造好的豪华陵寝里。作为陪葬品的纸扎士兵并非清兵,而是穿着欧洲兵服的西方军人;那些被烧掉的交通工具也不是马车,不是轿子,而是一辆线条优美的欧产布鲁厄姆轿车。

6-2
1902 年,69 岁的慈禧坐在颐和园乐寿堂前一个宽大的御座旁

她最经典的造型来源于清国留法外交官的儿子、御用摄影师裕勋龄的设计。他为这位清国的实际掌权者在照片上方扯了一条横幅"大清国当今圣母皇太后万岁万岁万万岁"的字样,而这也成为了这位"女皇"照片的定式。"圣母"的称呼在清朝从无人提及,可能源于勋龄对于圣母玛利亚称号的借用。显然,慈禧接受了这个新鲜的"徽号"。为了拍照,慈禧太后曾特传御旨,在颐和园的寝宫乐寿堂专门搭建了一个摄影棚。

大清國當今聖母皇太后萬歲萬歲萬萬歲

光緒癸卯年

6-3

1903年，北京颐和园

慈禧在七旬大寿前的盛夏，自比为"大慈大悲救苦救难"的菩萨，打扮成观音模样拍照。她身穿团花纹清装或团形寿字纹袍，头戴毗卢帽，外加五佛冠，左手捧净水瓶或搁在膝上，右手执念珠一串或柳枝。李莲英扮善财童子或守护神韦驮站其身右，左边则有扮成龙女者。在盛开的荷花丛中，背后是彩绘山石竹林的布景，丛竹上悬一云头形牌，牌上楷书"普陀山观音大士"七字，神似民间流传的观音绘画。这场由慈禧亲自导演的观音像系列图片，显示了她对摄影过程非常着迷，甚至亲自指导每幅图像的内容呈现方式。这些照片丰富而深刻地展示了慈禧的个人审美偏好，以及她对宗教、政治和戏剧的兴趣。据内务府档案载："七月十六日海里照相，乘平船，不要篷。四格格扮善财，穿莲花衣，着下屋绷；莲英扮韦驮，想着带韦驮盔、行头；三姑娘、五姑娘扮撑船仙女，带渔家罩，穿素白蛇衣服，想着带行头，红绿亦可；船上桨要两个，着花园预备。带竹叶之竹竿十数根，着三顺预备。于初八日要齐。呈览。"这幅照片事前准备如此精细，可以想见场面之大。

6-4

1903年,颐和园排云门外

慈禧与光绪皇后、德龄、容龄、四格格等一众合影。这张照片的特写细节意外地透露了她使用一个小镜子来调整头饰的过程。这使严肃的宫廷合影显示了某种个人趣味。

6-5

慈禧在外媒中的形象

从1900年义和团袭击外国居民和中国基督徒以来,中国以及皇室的形象在西方受到恶意的诋毁。这份法国杂志 Le Rire 的封面,长着怪诞面孔的皇太后手持着血腥的匕首,基督徒的断头和残破的尸体在后台出现。这幅漫画在西方传播极广,皇太后的形象像极了一个落后愚昧的可怕巫婆。据称这份杂志被外交官提交给皇太后后,惹得她大为恼怒。宫廷里传出的信息称,慈禧皇太后在看到沙皇夫妇赠给她的照片后,决意请清国驻法国大使的儿子为自己拍摄宣传照片,用于赠送公使以及西方各国首脑。在1903年,这种反击手段显然有着重要的意义。

6-6

慈禧与公使夫人们合影

1903年7月14日,慈禧皇太后七旬大庆,在颐和园乐寿堂她与美国公使夫人康格(Sarah Pike Conger)一行合影。皇太后拉着公使夫人的手,这个亲密的动作被视作对美友好的一个见证。慈禧太后每年春、夏、秋三季,都住在颐和园听政,待十月初十日大寿之后方起驾回紫禁城。慈禧晚年经常在颐和园内的乐寿堂、仁寿殿、排云殿招待外国公使夫人等。据公使夫人回忆,慈禧所用的化妆品多为各国公使赠予之洋货,如巴黎香水、香粉,法国镀金镜等。她在拍照前特地更换一身绣满寿字和各色大朵牡丹并镶有金边的皇家专用袍褂。冠冕上挂满珠宝,有玉制的凤、蝴蝶及珠花、金簪。绣袍外的渔网式披肩,由3500颗专供帝后御用的东珠穿织而成。手上戴着几副珠、金、玉镯及宝石戒指,脚蹬饰缀着串珠的绣花高足花盆底鞋。年已七旬的慈禧,打扮得雍容华贵,正坐于御座上。

6-7

慈禧的画像

慈禧太后这位东方神秘的女性统治者七旬之时的画像，在她的御用画师美国人卡尔夫人的历时九个月的笔下，宛若风姿绰约的贵妇。这副皇太后的圣容，在慈禧的默许下第一次公开出现在了1904年的圣路易斯国际博览会上。中国最高幕后统治者仪态万方的油画肖像被镶在木框里，放在博览会的正厅美国厅里展出，画像前天天人头攒动，争睹中国皇太后的"圣容"。世博会结束，慈禧太后的油画肖像连同一幅大幅面着色的肖像照片，被驻美公使梁诚专程护送到华盛顿。美国政府举行了隆重的受赠仪式。罗斯福收下礼物后，又将它们转赠给了国家博物馆收藏。"中美两国关系，遂因慈禧太后的一张脸而变得更加亲密。"事实上，1908年，在慈禧去世后，罗斯福减免了对于清国的赔偿，被认为可能是肖像外交某种奇异的巧合。

6-8
慈禧执镜照

1904年,慈禧的御用摄影师勋龄在颐和园她的寝宫万寿堂里拍摄了穿戴整齐的皇太后"大圣容"。这组图片大约有十多幅,是她或坐或站或照相时的不同姿态。照片上年届七旬的慈禧太后的容颜保养得宜,她的右手轻倚在盖着丝绸的撑椅上,手佩玉环,左手执镜顾盼,全不似垂暮之岁的老妇。这些历史照片,高清晰度地记录了慈禧太后的真实容颜与帝制时代皇太后的盛装及佩饰。这组略显端正的圣容图片,大部被慈禧送给了来访的公使或他们的夫人,或者出现在西洋的报刊上。

6-9
慈禧展示她经过装饰的指甲

"四英寸长的金盒子保护了右手的第三与第四只指甲。她的其他的手指上的细长的指甲,呈现着被精心养护后的优雅。"她所穿的衣服密缀了许多上等东珠,乌黑的头发上则插着金银凤簪、玉蝴蝶、珠宝和点翠等各种不同的头饰,并且佩戴着各式名贵的耳环。手上则戴着几副玉钏、翠戒、扳指。皇太后摄影师的姐姐后来写了一本书,记录了这些图片的故事。

277

6-10

慈禧太后雪后游园

1903年冬天，雪中的松树下，皇太后与她的宫女和太监们合影。她的手自然地伸向雪后的松树上。这张照片显然经过了摄影师勋龄的摆拍。皇太后身后两个不易被拍到的太监，都找到了合适的角度，虽然一个露着一个不雅的脑袋，但另一个显然退后了几步，找到了最佳位置。据《清宫琐记》载：勋龄给慈禧照相，他在对光的时候要跪着，但跪着又够不着照相机。李莲英便给他搬来一把凳子，让他跪在凳子上照。慈禧说："就让他在照相的时候免跪吧。"勋龄是大近视眼，在慈禧面前是不准戴眼镜的，勋龄不戴眼镜便无法对光，他只好告诉李莲英。李莲英禀明慈禧，特许他戴着眼镜对光。但显然，勋龄是清国唯一可以指挥与摆布皇太后的男人。当然，只有在拍照时，老佛爷才会听从他的安排。

6-11
在颐和园内的大戏楼前

1903年秋,慈禧看完戏,端坐在肩舆准备返回仁寿宫。上前有两位太监手持香熏开道,后有太监手持华盖,最前面左右分别站着大太监李莲英和崔玉贵,小院的上面搭建着凉棚,慈禧表情严肃而安闲。大群太监及后妃、宫女们前呼后拥,清廷宫闱中的銮舆、仪仗和殿前为避暑用所搭的天棚,都极为罕见。慈禧爱看戏、逗小狗,与后妃、太监们合影时,会手抚她备受宠爱的黝黑长绒毛狮子狗。照片上的慈禧,手腕上戴着玉镯,手指上戴着长长的指甲套。这只玉镯,是咸丰皇帝宠幸她时所赠,慈禧一直戴着它,并伴随她进了东陵的地宫。

6-12、6-13
维多利亚女王与清国皇太后

1903年,一幅关于慈禧的官方宣传图片的公布,引起了英国媒体的好奇。虽然没有证据表明,这张在义和团起义后进行的公关宣传而拍摄的图片,直接受到西方照片的影响,但这幅图片却被外国媒体拿来与维多利亚女王1844年拍摄的一张图片对比,并认为有着非常重要的相似性。皇太后与女王均手持一柄扇子,均正襟而坐,同样望向右前方。她们的姿态如此相近,更重要的是,她们同是两个国家事实上的统治者。维多利亚女王比清国皇太后年长16岁,在她的统治期间,因为摄影术的发明,她留下了大量的宫廷照片。后世确信,皇太后的摄影师勋龄模仿了西方许多皇帝与宫廷的照片,从而设计了慈禧的形象。

6-14
清国皇太后的送葬队伍

慈禧太后的葬礼在1908年11月15日举行。英人亨利·博雷尔撰写的一篇报告中写道:"打头的是一队穿着现代军装的长矛轻骑兵,装束齐整,举止得体;接下来是由仆役们用手牵着,成一列纵队的小矮马;再后面就是一大群身穿猩红色绸缎衣服,帽子上插着黄色羽毛的仆役,大约有几百人,他们轮换着抬灵柩。紧接着又是另一队长矛轻骑兵,在他们的长矛上飘扬着红色长条旗,后面跟着马枪骑兵。他们属于皇家禁卫军,身穿有红镶边的灰色军衣。后面又有一排排穿着红衣服的仆役,举着绿、红、紫、黄等各种颜色的旌旗和低垂的绸缎条幅。那些举着鲜艳旌旗的仆役行列没完没了,似乎他们把皇宫里的旌旗全都搬出来给已故太后送葬了。再往后是一个奇异而庄重的场景,三匹排成一列纵队的白色小矮马分别拖着三个装在四轮轻便马车上的轿子。在我身后有人解释说,这些是慈禧太后最喜欢的轿子,那些白马也是她的宠物。后面跟随的其他白马身上都有黄色绸缎饰物。这个由小矮马组成的队列行进时缓慢而又悲怆,此情此景令人为之动容。"

6-15
北京两名臂戴白孝的大学生

太后与皇帝去世后,清国让他的国民们戴孝数月。

帝国最后的政治班底

慈禧临死前，立嘱将权柄传给了爱新觉罗·溥仪——一个三岁的孩童。在皇家的登基盛典上，溥仪惊恐地看着一齐跪倒山呼万岁的大人们。1908 年 12 月 2 日，以溥仪登上清国皇位为界，帝国崩溃进入了倒计时。光绪的皇后隆裕成了皇太后，慈禧当年指定她为皇后，也因为她性格绵软好操纵，她并不嗜好权力，并不能像她的婆婆一样，有成为一个强势领袖的潜力。

溥仪的生父、光绪的亲弟弟载沣成为摄政王，监理国家大事。也不过几年光景，这位当年代表大清国出使欧洲的年轻人就成为帝国实际的统治者，时年 25 岁。载沣登上权力之巅的第一件事，是想消除爱新觉罗家族最大的威胁，杀掉羽翼已丰的袁世凯。经营官场人脉多年的袁世凯立即溜回大本营天津，躲进租界，直至张之洞力保他性命，朝廷一道圣旨以他患"足疾"为名把他打发回了河南老家。

戎马半生的袁世凯回到河南老家，定居在彰德府北门外的一个豪华大宅院，自称"洹上钓叟"，还特地托人给自己照了一张泛舟水上、悠闲钓鱼的照片，刊发在上海杂志上，广而告之。暗地里，他在一个不起眼的角落架起了电台，稳坐在中国政局的外围，静待时变。

他被称为改革家、野心家、煽动家，但在西方人的眼中，他是大清国最重要的政治家。李鸿章去世后的政治真空都被他填补起来，他找到了这个空当里大清国政治舞台第一主演的机会，并且毫不犹豫地抓住了它。作为一位政治家，袁世凯因为立场多变而备受责备。在光绪将信任交给他之后，袁世凯却倒向了保守派那一边，成为了慈禧太后的宠臣。可是在西方人眼里，他却是一位形象正面的改革家。1908 年 6 月，他首次接受西方记者的访问时，认为自己的国家能适应西方的观念和体制。

袁世凯一直颇为小心谨慎，他一直牢牢地掌握着自己最大的资本，就是苦心经营的"北洋六镇"。在河南赋闲在家的日子里，他维持着和北洋将官的联络。1908 年的北洋六镇统制分别为何宗莲、马龙标、曹锟、吴凤玲、张怀芝和段祺瑞。

等到摄政王载沣无力掌控时局，袁世凯如猛虎下山一般再次回到紫禁城时，清廷只剩下一个孩童和一个寡妇。

6-16

醇亲王载沣与其子溥仪（右）、溥杰三人合影

这个站着的清秀的三岁孩子，即将成为了这个国家的主人，而他也因为这个名字而开启了自己奇特的一生。1908年12月2日，时年尚不足3岁的溥仪即位称帝，年号宣统，由其父醇亲王载沣监国摄政。四年后的2月12日，宣统皇帝被迫宣布退位，清王朝结束了对中国长达267年的统治。

6-17
载洵步出柏林阿德龙酒店

摄政王载沣上任后,任用少壮派贵胄掌控军队。他委派自己的亲弟弟载洵掌管海军,年仅24岁的载洵成为大清国最后一位筹办海军的大臣。年轻气盛的载洵甫一出任,即宣布了一个雄心勃勃的发展海军七年规划,促成清廷派自己和萨镇冰赴欧洲考察各国海军发展情况,同时选派23名年轻的海军军官和海军学生随队前往英国留学,学习制造军舰和炮械的技术。1909年10月16日,载洵一行从上海出发,先到意大利、奥地利,订造了一些炮舰和一艘特快驱逐舰。11月,他们到达德国柏林。载洵一行考察了德国的船厂、炮厂及海军各机构,并且订造了三艘驱逐舰和两艘炮舰。载洵此次欧洲之行历时三个月有余,从欧洲学到了不少海军建设的经验。

年轻摄政王为钱一筹莫展

1908年4月,又一次美亚新年酒会,依然是《纽约时报》的报道。伍廷芳发表的讲话已经与若干年前的大相径庭。他慢条斯理地对着中外绅士们提及:大清国已经和若干年前的自己割裂太多了,变化太多了。这个国家正在苏醒。他是对着所有怀抱商业梦想的西方人和大清国的爱国主义者说的。也是在这次酒会上,人们达成一个共识:大清国永远是美国的朋友。

伍廷芳身着他的黄色官服,扎着紫色的腰带,晚餐期间他会主动离开座位(和商会主席坐在一起),四下走走,和老朋友们谈谈。当他走到新闻发布区,很偶然地被人要求摆造型给他画一张铅笔素描。后来,他一直坚持要求画画的艺术家修改个别线条,以使素描上的他更好看。令中外客人难忘的是,这位对素描较真儿的大清国绅士,最后还说道:他对自己的国家充满感恩,因为偏见消散,正义崛起。

在光绪皇帝、慈禧太后相继去世后的第二年,中美贸易并没有过多阴霾。美国驻上海总领事田夏礼发表大清国对美国的贸易年报。单从1908年来看,美国从大清国进口茶叶的总价值达到1,954,891美元,其中88%的进口集中在7月1日至12月31日这段时间,即茶商们普遍最忙的第三季度。

《纽约时报》留意到,上海附近的蚕茧业也很发达。生丝以最快的速度被运送到港口,然后出口到其他国家。1908年上海出口到美国的生丝总额达5,250,216美元,下半年就占去86%。除了被清政府禁止出口的水稻,其他出口产品还包括棉花、皮毛制品、草编织物等。通畅的对外贸易并没有使帝国的金库充盈起来。

大清国有一种层层压榨式的财政制度,既复杂又精密,是政府机关之间互相制衡的产物。而大清国的税务稽征系统通常包括以下名目:土地税、贡品、地方官税、盐税、厘金、海关税以及其他。所有这些类型的苛捐杂税加起来会有多少? 1907年,大清国中央政府财政收入约为6800万美元,省级部门约1.16亿美元,地方行政部门约2800万美元,一共达2.12亿美元。

西方媒体很认真地梳理了大清国沉重负荷下的财政,最主要的目的是了解其偿付能力。在1908年,户部银行改为大清银行,开始了现代化的金融货币运作。帝国国家财政的账面上除了外债,就是新的支出项目。这让意图振兴皇族统治的年轻摄政王一筹莫展。

孙中山改造"黑社会"闹革命

6-18
时年42岁的孙中山

光绪皇帝、慈禧太后相继去世后,帝国陷入剧烈动荡。孙中山环球旅行,继续筹措经费,并密商广州新军起义诸事。1908年,孙中山先后发起钦州、廉州起义,云南河口起义,可惜相继失败。

孙中山改造"黑社会"的说法由来已久,最有名的莫过于改造洪门闹革命。这是因为洪门在那个时代力量巨大,其"反满复汉"的口号也与孙中山早期的思想有接近之处。孙中山还派人在日本组织三合会,革命党人秋瑾就从属于三合会,是帮会的元老级会员。入会仪式仿照洪门规矩,有刀架脖、喝鸡血、跨火盆。孙中山所领导的多次起义均与各地帮会有着千丝万缕的联系,甚至将帮会作为起义主力军。不过,孙中山的目的并非只是融入其间,而是用革命理论对其武装和动员,并由革命党人骨干居中统率。

以帮会形式联系组织武装起义隐蔽性强,适合在清政府对革命高度警惕的情况下发展会员,但在正规军队面前无异于乌合之众。1907—1908年,孙中山与黄兴在西南边境连续发动了六次武装起义,均难逃失败结局。其中的镇南关起义,孙中山甚至亲自发炮射击清军。西南一带的革命力量损失殆尽,加剧了同盟会的分裂,遂有汪精卫刺杀载沣一事。与此同时,革命党人徐锡麟、秋瑾在江浙一带通过帮会形式再谋起义事,但同样失败,两个年轻的革命党人英勇就义。

接连的失败使得革命党认识到必须改变帮会起义的方式,同盟会的关注力开始转向新军,尤其是新军的下级军官和士兵,这在武装起义策略上是重要的转折。在这样的策略下，革命党人先后在 1910 年 2 月组织了广州新军起义，在 1911 年 4 月组织了广州黄花岗起义。尤其黄花岗起义，是同盟会几乎倾尽了物力、人力、财力所发动的规模最大的一次武装起义。

黄兴亲赴广东指挥黄花岗起义，总结了此前历次起义失败教训，又特别精心挑选了一批青年骨干组成起义先锋敢死队，起初为 500 人，后增为 800 人。敢死队离家之时，纷纷写下与亲人的诀别信，其中，林觉民用清秀的小楷在一方手帕上写下的《与妻书》，字字啼血，成为绝唱。虽经周密细致的准备，但南洋筹款的消息走漏，让清军严加戒备；另外，革命党内统一指挥不畅，难有一致行动，致使锐力大减。激战时，总指挥黄兴右手被打断两指，敢死队奋勇当先，多少年少俊才在寡不敌众的对决中倒在了血泊里。牺牲者中 72 人遗骸被收葬于广州东郊白元山麓的黄花岗，即"黄花岗七十二烈士"。

至此，在武昌起义前夕，孙中山先后领导不下十次武装反清起义。孙中山一生，不仅勇敢先行，而且矢志不移，屡败屡战，愈挫愈奋，仅此一条就可称传奇。

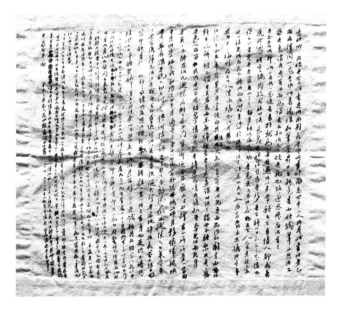

6-19 林觉民《与妻书》

这封信是清朝末年革命烈士林觉民在 1911 年 4 月 24 日晚写给妻子陈意映的一封绝笔信。林觉民随后在黄花岗起义中英勇就义，该信现藏广州近代史博物馆。

皇族内阁，年轻贵族要收权

> 洋务自强时，当政者不肯自我更新；维新变法时，又碰上慈禧和光绪争权；到新政立宪，清廷依旧私利障目。进步思想和行动始终局限于个人和小团体的范围，改革的药效难达全身，又屡屡被分散释解，如何根治痼疾？等到隆裕和溥仪孤儿寡母接手残局时，局势已经无可挽回了。

摄政王载沣心底当然不愿意断送祖宗江山，当政三年间，在社会经济层面上继续推进新政，包括保持开放的对外政策，进行以组建国家银行为代表的财政改革，大力气编练新军为代表的军事改革，新学教育和卫生医疗等诸多方面也均有进步。但是，面对举国同呼的国会请愿，载沣一意孤行，强行镇压，所抛出的"皇族内阁"更是挫伤了依然对帝国保留某种心理认同的最为广大的士绅阶层，甚至旧体制内的官僚阶层的积极性。

1911年5月9日，清政府发布铁路国有化上谕，立即遭到地方权势的抗议，统治集团没有意识到这样的利益纠纷最终会成为汇聚各种反清力量的契机，演化为政治事件。清廷始终无视地方权利主张，多次严令四川地方官赵尔丰平息辖内抗议潮。当抗议力量逐渐形成保路会，汇入革命党力量，并广泛联合地方实力派，清廷依然采取高压的态势。最后的武装冲突不可避免，帝国统治在西南撕开了口子，这是革命派多次武装起义都没有达到的效果。清廷急调武装力量镇压，尤以湖北新军为多，而这为武昌起义的爆发提供了可能。

而后，湖北武昌城发生了一起擦枪走火事件……

6-20

1908年,北京,正阳门

门前的大道上车尘飞扬,高大的城楼掩在黄包车与马车驶过的烟尘中。

6-21
1908年,被制作成为明信片的香港皇后大道景象

香港在被殖民数十年后,已然被建成了东方的小欧洲。

6-22
1908年的香港九龙城寨

图片中一堆破旧的清国老式克虏伯大炮被胡乱堆放。香港被割让后,这些火力强劲的大炮,被英军收缴并拆毁了。它们不再是武器,而只是一堆废弃的铜管。

6-23
一张从上海寄往英国的明信片上展示着当地的葬礼

在这张明信片的背面写着：许多人抬着沉重的棺材，长长的送葬队伍中，还有送殡人坐的轿子，这表明这是一个重要人物的葬仪。图片上是正在修建的南京路，它是上海的一条繁华的大街，左下角的告示上写着"小心蒸汽压路机"。修路工人们停下来，等待送葬队伍经过。

6-24

杭州七个习武的青年

在摄影师的摆拍下,他们或是爬上陡峭的墓塔,或是端坐塔下,以展示自己武功的高强与身体的强健。清国末年,积弱之国民兴起聚众习武之风,强身健体成为与新思想并肩的新风气。

6-25

1908年，陕西西安，一位正在写字的书生

他有着一双在清国少见的犀利眼神与闲适的姿态。

6-26

1908年，上海高昌庙

亚洲最大的兵工厂江南机器制造总局的大门，掩在一片旧屋之中。这家由曾国藩、李鸿章经始督办的清国最大军工企业，制造了清国需要的枪炮和轮船。这家新式工厂在1867年时，每天平均可以生产15支毛瑟枪和各式弹药。该局在1868年生产出了中国第一艘自造的汽船惠吉号。1891年时首次炼出钢铁。1905年时，这家公司成立了江南船坞，成为清国重要的船舰制造机构。

6-27
总税务司赫德因病离职回国

1908年4月13日，十几个西方国家的驻华使节、清廷勋戚权贵、各部臣僚、名流绅士、工厂买办，齐聚北京车站送别因病卸任的73岁的大清帝国总税务司赫德。当总税务司的职员们回到衙门，看见赫德办公桌上钉着一张便条，上面留有赫德潦草而伤感的笔迹："1908年4月13日上午7时，罗伯特·赫德，走了。"仿佛终场演出结束后一个演员向观众最后的谢幕。9月14日，赫德乘"爱渥那"号船离开上海。1863年，即与戈登出任洋枪队"常胜军"统领的同一年，年仅28岁的北爱尔兰人赫德就被清政府任命为总税务司，开始了对清国海关长达48年之久的统治。在任期间，他创建了税收、统计、浚港、检疫等一整套严格的海关管理制度，兴建了沿海港口的灯塔、气象站。赫德谨慎稳重，善于变通，深谙官场礼节和中国士大夫的习气，惯于在满清大臣中左右逢源。

6-28
陆军部尚书荫昌

1908年，荫昌乘轿前往安徽安庆太湖秋操现场校阅。这次清国最后一次大规模的秋操，因光绪帝和慈禧太后驾崩、安庆起义而草草收兵。

6-29
陕西三名新军军士

他们穿着显然非常不合体的日式军大衣,脚上穿着蒙着尘土的高勒皮靴。他们与同时代杰出的日本军人,有着认知上的巨大差距。而日本与黄土高原在历史与地理上的遥远距离,也使这些接受日式军事训练的军士,并不明白他们所受的教育与自己有何关系。

6-30
西安驻防中小学堂毕业合影

1906年,奉陆军部命令,陕西先后在西安西关武备学堂与北校场开办了学制三年、旨在为编练新军准备各种军事专业初级技术人才的陆军小学堂与号称清末全国四所陆军中学堂之一的第二陆军中学堂。该校学制为两年,分为步、马、炮、工、辎重5科。课程有普通文化学科和军事专业学科,军事专业学科既学军事理论,亦在操场、野外进行各种专业军事训练。学员毕业后即分入新军的步、马、炮、工、辎重各队(连),成为"陆军入伍生"。这是法国传教士梅荫华在西安时,为这两所学校毕业的学生所拍摄的合影。

6-31
太湖秋操中的气球侦察队
北洋新军的部队仿照曾经战胜他们的日军，建设了许多对于清国来说全新的兵种。这些兵种包括搭建浮桥的工兵、热气球队等。

6-32
会操中的山炮队在进行射击
按北洋新军编制要求，每镇下辖火炮一个标，每标三营，每营三个队，装备野炮或山炮；机枪也隶属于炮兵，称为机关炮队，每队六挺重机枪。

6-33
北洋新军部队进行对抗训练
攻方队形和战术动作，在他们德国教官的训练下，已较为成熟。太湖秋操尽管只悄然举办了三天，这个国家的陆军总部仍在他们最后的秋操现场，派来了他们的检阅大臣陆军部尚书荫昌、两江总督端方、安徽巡抚朱家宝、湖北新军首领黎元洪。

6-34
香港九广铁路施工现场

位于香港新界沙田大屋围南的烽火山隧道修建工程,此段由英国人负责施工。

6-35
1909年5月，承德围场附近锥子山下的一户人家

两位妇女与三位壮汉，正在吃北方传统的面条。他们穿着厚厚的棉服，有的坐在台阶上，有的蹲着，有的干脆盘腿坐在地上。在距他们仅有数公里远的美丽草场上，华丽的秋狝之典，已经有将近100年没有举行过了。

6-36
1909年，上海郊外的村庄

两个小男孩，用人力推着一座古老的石磨。石磨是一种古老的磨面工具，人们用两块石头，互相摩擦，就能使小麦颗粒变成面粉。

6-37

成都孤穷儿童教养所

这座教养所收养了大量流浪的孤穷儿童，它由总督府与教会共同出资兴办。1909年冬，保育员与收养的孤儿在院子里晒太阳。

6-38

陕西汉中一位拿典籍的儿童

清国对于儿童的蒙学教育往往始于孩子较小时，他们需要在不理解这个国家圣贤典籍的时候，就要把它们全部的文字背诵下来，并说出自己的道理。

6-39
聚餐的清国男人在喝酒猜拳
这种新奇的酒令被西方人戏称为"手指饮酒的游戏"。这种摆拍的照片,意在还原清国的风俗和人情。

6-40
日本明信片中的天津东马路
天津东马路的繁华街景,可以看到,在租借区内,车辆是靠左行驶。

6-41
天津公共道路平整
天津街道上一辆顶着篷布的压路机正在进行着的公共道路的修缮工作。

6-42
上海法租界的繁华交通

拉人的黄包车和拉货的独轮车聚在一处,几乎造成了交通拥堵,画面下方还有一顶轿子悠然而过。

6-43
一位士兵站在城隍庙门口

上海城隍庙庙门上隐约写着"做个好人心正身安魂梦稳"的字样。庙前几乎是这个国家所有寺庙前的标配:讨饭者、算命者、售卖各种纪念品的小店以及怀着虔诚之心、迷惘地寻求保佑的善男信女。这样的场景甚至到21世纪还能看见。

6-44
四川高等学堂(四川大学)

学生在读书、写作或探讨问题,他们桌上都放着一盏油灯。显然这座即将最早宣布独立的省份的学生,已剪去了他们头上的长辫。

6-45
上海新闻路附近的广东公墓

这些公墓由一座座小小的带有屋顶的"小房子"组成。据称这里埋葬着来上海打拼的广东人，他们建这些小屋子作为自己墓室的原因是希望有朝一日能再回故土。照片上的墓园外，是高耸的烟囱，以及正在慢慢现代化的上海。

6-45	6-47
6-46	

6-46
成都青羊宫前的小摊贩

传说老子曾于此讲道，因之被称"川西第一道观"。

6-47
1909年长沙繁华的太平街

路面由大小不一的麻石铺成，街上的"锦新昌绸庄"有高大的砖墙和石库门，并搭有遮阳的凉棚，是长沙城中重要的绸店。街中可见挑箩筐、拉人力车的人，路旁已竖起标志着现代化的路灯杆。

311

6-48
外国警察和中国小偷

1909年,上海市法租界的警察哈罗德·爱德华兹·佩克与他抓获的两名中国小偷,他们被手铐铐在一起。右边的男人身上贴着一个叫作"S423:周毛毛"的铭牌。

6-49
北京道路上行驶的奔驰汽车

三位德国人坐在一辆新式奔驰汽车上,他们身边是一座古老宫殿的围墙。远处的槐树下,一位卖水果蔬菜的小贩好奇地望向汽车。

6-50
废墟上的野餐

大约在1909年夏天的时候,法国和俄罗斯外交官与他们的孩子们,在圆明园海晏堂蓄水楼前的废墟上野餐。海晏堂最著名的景色,是一个大蛤壳喷泉,其中有12个生肖兽首的雕像,现在只剩一列危墙与可供凭吊的废墟。欧洲人摧毁了它,再把它作为娱乐场所。照片中的中国的仆人似乎并不喜欢这个场合。照片由帛黎(Théophile Piry)所摄。

懷柔河鐵橋由東首北面側望景

居庸上關明橋

6-51
京张铁路上的怀来河大铁桥

这座铁桥是工程师詹天佑用七座各长约30米的钢梁架成的。他指示先用骡车将钢梁分运至工地铆接，同时建造桥墩，从1907年冬开工，到1908年5月就建成了，此时铁路铺轨尚未到达此地。怀来河大铁桥是京张铁路中最长的桥梁。这张图片上展示的是测试的机车从铁路桥上通过的场景。

6-52
驼队通过居庸关30号桥

这条古道与行走了上百年的驼队，很快就被桥上的火车取代了。

6-53
京张铁路修成通车

照片反映的是工程技术人员和铁路工人在验道专车前的合影，前排右起第三人是负责京张铁路线施工的总工程师詹天佑。1909年10月2日，京张路在南口车站举办通车仪式，中外来客乘坐的专车，8点半从西直门开车，9点45分抵达南口车站。

6-54
粤汉铁路在张之洞的强推下,在广州开始动工

张向德、英、法三国银行团借款550万英镑作为修通汉口至广州铁路的资金。他在万众的反对声中签下合约之后与世长辞,他的后继者工程师詹天佑出任商办粤汉铁路总理兼总工程师。这条铁路直到1936年9月才开通。

6-55
1909年,上海英国租界内的领事馆

几名英国士兵和一名印度士兵荷枪站在门口。在领事馆的院内,有一架机枪被放置在门口的位置。领事馆在这一年据称受到了不明炸弹的威胁。

6-56

禁卫军兵士的礼服照

他的头发被剪去了三分之一,左手执一柄长剑,腰间悬剑鞘,身着六扣团鹰领章制服。这种德式服装很长一段时间里成为清国陆军新军的制式服装。清国的练兵处在新军成立后,拟订了包括礼服、常服、肩章、帽徽、领章等新军军服,并将清国传统军服号衣正式撤销。莫理循曾记录了1905年12月刚换装的情景。新军要求剪去辫子,并着欧式制服,兵士们并不接受,军官带头方才肯剪。受此风影响,警察也在此后将辫子剪去了三分之一。

6-57
1909年,杭州钱塘江上的帆船
陈旧的布帆上布满破洞,阳光与风从中透过。

6-58
1909年夏,通往庐山山路上的一架滑竿
他们停在高山上,身后是波光闪耀的鄱阳湖。

6-59
1909年,天津一条繁华的街道
它像清国所有的重要城市的中心街道一样,都有着一个牌楼,上面写着"德配天地"四个有中国意味的字。这个靠近首都的城市,据称明朝燕王朱棣在此地渡河夺了天下,故定名为天津,意为天子渡河的地方。现在,这个城市里住满了八个国家的军队与他们的民众,并把它建成了他们自己国家的模样。

6-60
天津维多利亚公园的火警钟

这座重1.3万斤的大钟，由德国克虏伯兵工厂铸造，并赠送给李鸿章。李让天津机器局的七名技师在大钟上镌刻《金刚经》全文，并将此钟安置于海光寺中。1900年，日军占领海光寺后将此钟送给天津英租界工部局作为消防警钟安置于维多利亚公园。这座钟的奇妙旅行再次开始于1919年，天津英租界将大钟迁走，在原址建起了一座高约五米的欧战胜利纪念碑。两年后，又将该钟送回海光寺内保存，并立一铜牌用中、英两国文字叙明该钟的历史原委。1923年，该大钟成为南开大学的校钟，置于思源堂西南钟亭，每逢毕业典礼便鸣钟纪念。1937年7月30日，海光寺大钟遭日军劫掠，自此消失于人间，下落不明。

6-61
1909年的北京照相馆

一位驻华使馆的外国女子举着一把伞，站在一个搭建起来的中式小楼前，拍下了这张"影楼照"。外媒称，西洋居华之人多把拍摄以清国场景或物品为背景的照片作为时尚。

6-62
1909年美国一家华人商店

这家专售清国华人用品的日杂商店坐落在俄勒冈州勃兰特市。

6-63

1909年,香港的山顶缆车

这个山顶缆车是亚洲第一条缆索铁路,终点是太平山炉峰峡,于1888年5月30日起通行。它的车厢座位分为三种:头等车厢仅英国殖民地官员和太平山居民(均为白人)可以使用;二等供英国军人及香港警务人员乘坐;三等则留给其他人与动物。1908年,车厢首排还将两个座位预留给香港总督及夫人专用,并挂上"此座位留座予总督阁下"(Reserved for the Governor of Hong Kong)的铜牌。

6-64
1909年，新军操练

驻扎在东北新民的陆军第一混成协部队正在一架木制的斜梯上进行倒立式的器械体操训练。袁氏的新军在编制和训练上，基本上以德国和日本式军事训练为蓝本，初期教官多为严谨威严的德国人。他们都拿着高饷，很快将这支清国的民团训练成为现代化的军队。英国记者丁格尔的报道称："北方新军是由一些受过严格训练且有着强烈军人意志的士兵组成。"

6-65
俄军将领与满族少年的合影

少年左手持一柄造型奇特的兵器，右手插入胸前口袋中，英姿雄发。在这个满族的龙兴之地，俄国人在历经日俄战争的失败以后，重新进入东北。而这些持刀站立的所谓清国民勇，在数年前也曾与日军交好。

6-66
一队"中英"炮兵营

英军的教官们与清国的炮兵们在训练间隙休息。在清国晚期的新军训练风潮中,大量引入各国先进的武器装备,这个隶属江浙总督所辖的火炮营,在引入新式克虏伯山炮后,同时也高薪聘入了大量雇佣军作为清军的教官。这种华洋混杂的军队,在清国晚期,大量存在于各地新军之中。

6-67
出生于福州的清国第一巨人詹世才

这位巨人据称有2.44米,图为他在香港与一位年轻人的合影,以显示他的高大。他曾在各国受过良好的教育,会十数种语言,是位"聪明的巨人"。后来他去了欧洲以及美国进行舞台表演,并在英国结婚,夫人是一位英国人。

6-68
万舸齐发的黄浦江

1906年，上海一位英国摄影师从太古集团的一艘商船上拍摄到繁忙的黄浦江。清廷自诩为天朝上国，多年来闭关自守，直至失利于鸦片战争，五口通商，中国自给自足的经济形态受到世界市场震波的影响。自此，西方对华贸易的焦点从南部沿海转移至长江江口的上海。太古集团起初只是利物浦一家小型的进出口贸易公司，其创始人约翰·施怀雅（John Swire）敏锐的商业嗅觉闻到了远东地区的发展前途。抵达上海后，他惊觉在长江流域汽船的发展潜力，成立了太古轮船公司，并购置三艘新船。20世纪初，太古集团走向辉煌，在川流不息的上海外滩，飘扬着太古船旗的船

只随处可见，蔚为壮观。据说，"太古"这个中文名字也是施怀雅取的。每到年节，中国人家喜欢在门上贴"大吉"二字，施怀雅看到后，认为这两个字肯定是中国人都喜欢的，于是决定将它作为公司的中文名字。没想到，因为笔误，"大吉"变成了"太古"，倒暗合了"规模庞大、历史悠久"之意。太古公司在中国扎根近百年，曾经太古与怡和、和记、会德丰并称为"香港四大洋行"，现代中国很多城市的"太古里"也是它的资产。

参考报刊书目

本书在写作时,参考并使用了以下报刊文史资料。

《纽约时报》(The New York Times)/《每日电讯报》(The Daily Telegraph)/《每日邮报》(Daily Mail)/时事新报馆编《中国革命记,1911—1912》/黄仁宇《中国大历史》/张功臣编选《历史现场:西方记者眼中的现代中国》/《剑桥中国晚清史1800—1911年(上、下卷)》/郭廷以《近代中国史纲》/雷颐《走向革命——细说晚清七十年》/张功臣选编《历史现场:西方记者眼中的现代中国》/萧功秦《危机中的变革:清末现代化进程中的激进与保守》/《洛杉矶时报》(The Los Angeles Times)/《华盛顿邮报》(Washington Post)/《国家地理杂志》(National Geographic)

本书部分图片资料来源

伦敦维多利亚与阿尔伯特博物馆(The Victoria and Albert Museum, London, UK);大不列颠及爱尔兰皇家亚洲学会(Royal Asiatic Society of Great Britain and Ireland);德国威廉港市档案馆(City Archive in Wilhelmshaven, Germany);英国伦敦维尔康姆图书馆(Wellcome Library, London, UK);美国坎布里奇哈佛燕京图书馆(Havard-Yenching Library, Cambridge, USA);怡和集团(Jardine Matheson Group);中国第二历史档案馆;盖蒂图片(Getty Image);小川一真(Ogawa Kazuma);樋口宰藏(Higuchi Saizou);澳大利亚悉尼新南威尔士州立图书馆(The State Library of New South Wales, Sydney, Australia);美国华盛顿国会图书馆(Library of Congress, Washington, USA);美国华盛顿史密斯森尼博物院,弗瑞尔博物馆和赛克勒博物馆(Freer Gallery of Art and Arthur M. Sackler Gallery Archives, Smithsonian Institution, Washington,USA);方苏雅(Auguste Francois);英国伦敦大英图书馆(British Library, London, UK);美国华盛顿史密斯森尼博物院贝林中心,国立美国历史博物馆档案中心(Archive Center, National Museum of American History, Behring Center, Smithsonian Institution, Washington, USA);H. C. 怀特公司(H. C. White Company);中国国家图书馆;法国罗歇-维奥莱图片社(Roger-Viollet);美国杜克大学图书馆(Duke University Libraries, USA);美国国家档案馆(National Archives);德国联邦档案馆(Bundesarchiv);澳洲国家档案馆(National Archives of Australia);美国中央通讯社(The Central News Agency);中国国民党党史馆。

本书中部分图片因年代久远以及版权人变更关系,无法联系到版权方,请版权方与本书编者联系,以支付稿酬为谢。

图片策划:大伟、蔡岩、王莹

Copyright © 2020 by SDX Joint Publishing Company.
All Rights Reserved.
本作品版权由生活·读书·新知三联书店所有。
未经许可，不得翻印。

图书在版编目（CIP）数据

图说 20 世纪中国．1900—1909：变局／师永刚等编著．—北京：生活·读书·新知三联书店，2020.9
ISBN 978 – 7 – 108 – 06492 – 9

Ⅰ．①图… Ⅱ．①师… Ⅲ．①中国历史 – 1900—1909 – 图解 Ⅳ．① K26-64

中国版本图书馆 CIP 数据核字（2019）第 032881 号

责任编辑	赵庆丰
装帧设计	鲁明静　汤　妮
责任校对	张　睿
责任印制	张雅丽

出版发行　生活·讀書·新知 三联书店
　　　　　（北京市东城区美术馆东街 22 号　100010）
网　　址　www.sdxjpc.com
经　　销　新华书店
印　　刷　北京图文天地制版印刷有限公司
版　　次　2020 年 9 月北京第 1 版
　　　　　2020 年 9 月北京第 1 次印刷
开　　本　720 毫米 × 1000 毫米　1/16　印张 21.5
字　　数　100 千字　图 335 幅
印　　数　00,001-10,000 册
定　　价　68.00 元

（印装查询：01064002715；邮购查询：01084010542）